Die Kunst des stilvollen Verarmens

窮得有品味

對抗盲目消費，擁有真正的幸福

Alexander von Schönburg

亞歷山大・封・笙堡 著
闞旭玲 譯

專文推薦

新貧時代的存活戰略

專欄作家　韋振豐

在《窮得有品味》中，作者亞歷山大・封・笙堡以幽默的筆法為大家提供一些如何應付新貧時代的策略，既實用又幽默。一般讀者很不喜歡說教，但如果運用一些幽默的小故事來凸顯自己的觀點，則會具有說服力。

作者確實夠資格談論面對「失去」的調適。他出身於貴族之家，二戰之後，位於當時東德的家產和城堡遭到共產黨沒收。此後他父親開始過著流亡的日子，出門開著一輛破車子，長年穿著一件舊褲子，但一點也沒有自卑感。他母親則是匈牙利難民，家中雖然貧窮，卻可以用一些便宜的布料把客廳裝飾得頗具品味。因此作者推崇匈牙利人除了健談外，善於開玩笑，愛玩，更有一項「祖傳秘方」，那就是：越到山窮水盡時，越表現得鎮定沉穩，不失幽默感。

照理說，出身這樣的家庭，必然會勤儉持家，但他從小跟愛好享受的姊夫在一起，養成愛消費、愛體面的習慣。等到身為記者的他遭到報社資遣後，才重新思考生活的問題，從而寫了這一本精彩的好書。

作者不但討論家人和祖先的生活調適，同時也舉了一些有趣的例子。例如一位遠親在一九一七年逃到巴黎當餐廳侍者，他指出，如果沒有革命，繼續留在聖彼得堡的話，生活絕不可能像現在這麼精彩。此外，一位沒落的英國貴族經常調侃自己：「比如說如果我在晚宴上放了一個響屁，大家一定覺得我這個人不拘小節，甚至會覺得好好玩喔。但如果是另一個人放了屁，大家一定覺得那個人沒水準，沒教養。」

看來，沒落貴族如果對於自己的處境——失去財富、頭銜、城堡——可以好好調適，則是令人欽佩。作者更以知名作家納博可夫為例，他在流亡的日子中，總是寫出充滿歡樂的篇章。即使窮到要進廁所，才有空間可以寫稿，但仍然甘之如飴。其實，納博可夫在一九四〇年到了美國教書，還是很窮，但他能夠安貧樂道，上課時不時講一些逗笑幽默的內容，同時當場表演滑稽的動作。他既傾聽一些年輕人的對話，也聽搖滾樂。這些豐富的生活經驗，對於創作《羅莉塔》（*Lolita*）助益良多。到了五〇年代此書推出之後，他的生活便大加改善。

當然，臺灣的歷史變化跟歐洲有所不同，但這種心態的調適，同樣可以給大家一些靈感，畢竟這幾十年經濟的變化，孕育了不少卡奴以及中年失業者。書中一些有趣的觀點也可以提供給許多人做參考。

作者在批判消費社會時，難免要針對流行時尚。他指出，艾拉蘇瑞茲夫人是法國設計師迪奧的朋友，一度被奉為時尚圈的「品味總監」，但她每年總會要迪奧為她設計一套禮服，而每年出席宴會都穿那一套。顯然，了解那些設計師或是流行教主的遊戲是有必要的。

其實，服裝設計師有兩面，他們設計很多服飾，既引領時尚，也製造出不少卡奴，但他們的另一面我們應該要正視，比如說，服裝秀一到尾聲，設計師總會亮相，像Gucci前設計總監湯姆．福特（Tom Ford）和亞曼尼（Armani）都是一身T恤跟牛仔褲，而山本耀司也穿著一件破大衣和一雙破球鞋。這就像義大利的老鞋匠腳下，總是穿著一雙爛皮鞋。

談到「貧窮美學」，設計師每每會標榜極簡風格，彷彿遠離奢華，自然衍生品味，但要親炙這種品味，往往要付出代價。比如說，我曾在一家名牌店看到比利時名設計師馬傑拉（Martin Margiela）設計的一件牛仔褲，其特色是拆掉褲袋的四銅釘以及後面的兩片褲袋，但要價七千元。或許他的粉絲看到，二話不說會買下來。但如果錯過了，也沒關係，因為一回家，只要拿起鉗子和刀子把自己的牛仔褲如法炮製，一一拆掉。這一來，自己也擁有一件新潮牛仔褲。自然也省下一筆錢。

十年前，自己也曾經對名牌服裝很著迷，為此也花了不少錢，但有一天，我突然想通了，再血拚下去，整個衣櫃都是衣服，到時候一輩子也穿不完。想到自己可以寫文章，為何不好好研究時尚的歷史？這一來，也可以順便認識西洋文化的變化。畢竟每一個時代的流行跟某一個時代的舞蹈、劇場、政治、文化交流息息相關。後來就從買衣服轉變成購買一些跟時尚有關的書籍來詳加研究。幾年後，我就完成了《時尚考》這一本書。至少，目前我不至於淪為「卡奴」，反而每年還可以領到版稅！

至於旅遊，作者提到小說家于斯曼（Huysmans）筆下的主人公本來住在巴黎郊區，某日看了狄更斯的小說，興起了到英國一遊的念頭。於是搭了火車到巴黎，一抵達市區時，先到酒吧喝英國紅酒。之後，到餐廳享受英國餐點；夾雜在一群英國佬當中，感受了英國氣氛、英國腔調，覺得很滿足。這一來，便放棄了英倫之旅。雖然主角是小說筆下的虛構人物，但在臺灣的日常生活中也可以派上用場。如果你身上沒有多餘的經費來一趟東京之旅，那也沒關係。不妨從西門町出發，先享用一頓和風料理，吃完後，散散步，買一、兩件日本小飾品。然後搭捷運到微風廣場，逛一逛紀伊國屋書店，瀏覽雜誌，看看日文書，接著再到信義計劃區看一看三宅一生、川久保玲的專櫃。一趟下來，也可以體驗到當代日本的氣氛。

目前臺灣變化之快，往往令人無所適從，但如果心中有一套存活戰略，則會過得比較愉快一點。回顧過去，在八〇年代末期到了九〇年代初期，大家一片看好，畢竟股市狂飆，地價高漲，人人有希望，即使未來情景未必看好的讀書人，在大學期間也可以買一些便宜的英文書，價格大約三、四百元。但目前，「青貧時代」[1]的到來，很多大學生必須依賴助學貸款，這一來，畢業之後不免要負債三、四十萬。

大學生已經負了債，怎能奢望價格昂貴的英文書？尤其是一到書店，翻到英國進口書，動輒八、九百元，即使臺灣那些知名的蒐書家面對這樣的高書價，都會猶豫一番。沒錢的人當然有看書的權利，如果對圖書館不滿意的話，也可以考慮一些大書店，那裡提供寬敞而舒適的空間，只要呆個幾小時，便可以瀏覽好幾本書籍。或許有些讀者也想擁有自己的藏書，師大附近的舊香居也可以逛逛，畢竟架上的文史哲書籍十分齊全，而且老闆待人親切，只要讀者一開口，她會幫你找書。說不定隔一個禮拜再去，她已經幫你找到你所要的書。

在作者筆下，柏林目前是「乞丐天堂」，很多活動提供免費餐點。顯然他的觀點在臺灣也可以如法炮製，比如說，一些選舉的造勢餐會、美術館的開幕酒會，或是「人間副

1 青年貧窮的時代。

刊」的頒獎大會，往往會提供一些免費的美食。多留意一些情報，搞不好還有免費的紅酒可以喝一喝。

作者對於健身的神話也有所批判。在消費社會裡，人與人之間的相處往往有競爭的心理，如果周遭很多朋友參加健身俱樂部，繳一筆費用，平時的話題就會圍繞在健身。但如果有人沒有加入會員，就無法融入他們的話題，這一來難免有被排除的感受。不過，當個有自主性的現代人，要鍛鍊身體難道一定要到健身房嗎？在家裡或是到公園做做體操或簡單的氣功，一樣可以達到健身的目的。

最後也要提一提本書的出版時機，也就是去年在誠品《好讀》看到一篇文章介紹這本書，看完後，心想應該介紹此書給出版社（編按：本書初版於二〇〇六年上市）。想不到事隔半年，當我聽到負責本書的編輯提到譯稿已經完成了，覺得很興奮，二話不說立刻主動說要寫推薦序。畢竟在目前的青貧時代，本書的出版可說是在傳播另一種福音。因為如果好好閱讀此書，從而得到啟示，一來可以加速心理的調適；二來也可以避免當個卡奴；三則更可以窮得有品味。

專文推薦

快樂的關鍵，存乎一心

資深媒體人　鄭弘儀

我當記者已經二十年了，這段時間曾拜訪過不少商界的老闆，後來我得到一個心得，當貧窮的小記者（當時月薪才兩萬五）碰到有錢的企業家，後者不一定比較快樂。

隨便舉個例。有位金融集團的年輕少東，在追女朋友的時候，鑽石送了，百達翡麗送了，賓士也送了（老實講，搞不好他送更多，我都不知道）。過程中，他曾陷入心傷的苦戀，常喝悶酒，但功敗垂成，硬是沒有美滿結局。

天啊，追女友要花那麼多錢？女生一定想嫁入豪門？

以前在追我太太時，我借哥哥的九十CC中古偉士牌機車，直衝陽明山，雖然時速只有三十公里，但冷冷的天，心愛的女友從後頭抱著，中途餓了，就吃我準備的熱饅頭，其樂無比。

很多時候，錢不一定能處理，心，其實才決定一切。

情人節時，我在信封中放入一片玫瑰花瓣及一張卡片，寄給太太，沒想到連續一個月，她地板拖得無怨無悔，光可鑑人。

家裡的牆上沒什麼裝飾，有的只是太太的壓花，和哥哥及朋友自己的油畫，這時候，還會自戀自己氣質怎麼那麼好。

身為所謂的名人，許多朋友都以為我一定和權貴交往，應酬不斷。實際上，NO！我很沒有行情哪，每天帶的都是太太自己做的便當（有時一天還帶兩個），頭髮長了，就坐下來讓太太剪，邊剪夫妻邊聊天，其實蠻快樂的。

聽說理容院很刺激，不過快不快樂，我就不知道了。

以前在中國時報系當記者，常常聽到故鄉的呼喚，因此好想好想回老家，回嘉義鄉下去種田，過著採菊東籬下，悠然見南山的生活，曾一度請辭，帶著太太回去，後來因為太太的健康因素而作罷。

如今住在山上的房子裡，小小的庭院，我們就種了一些芹菜、清江菜、空心菜，還有一些花草，絲毫沒有一點心思去想LV、Prada……。

OK！有錢，當然可以快樂，也會不快樂。沒錢呢！你也能不快樂，但更可以快樂。關鍵，存乎一「心」。

專文推薦

我就是新貧時尚！

知名造型設計師　吳玟萱

平常人看我做明星的時尚顧問，光鮮亮麗地上電視，便以為我擁有許多奢侈品。其實，才不！我有不少裝扮配件是二手衣，來自路邊攤、五分埔。每當我誠實地回答，對方都會難以置信地大呼：「怎麼可能？」就是可能！這個驚訝反應每每讓我非常有成就感，因為這等於是在肯定我，肯定我的品味。

品味並非是以金錢多寡來衡量，買了價格高的奢侈品也未必代表買到了品味。品味並非取決於名牌，而是發自自身的自信與氣質，未必是以物質堆積出來的。所以我認為，為生活消費並沒有必要去花大錢，難道光鮮亮麗就一定需要奢侈嗎？品味並不代表奢華，不要被奢華所騙！

我很注重生活品質，為了這些，我願意做些小小投資。我只替家具裝上套子，這個小小改變就似替家具換上全新的衣服。朋友來家裡看到，又以為我換了全新的家具。我聽了只有會心地一笑。看吧，我證明了一件事：只要有點巧思慧心，只要為自己做點小投資、小改變，你也會是生活魔術師、品味專家！

我要很理直氣壯地說：我就是新貧時尚！這本書的主張，簡直就是說中了我的生活哲學。這本書寫出了許多正確的生活觀念，矯正了許多錯誤的奢華概念。品味應該是自主的、獨特的，幸福應該是平凡的，生活的快樂並不是建築在金錢上，真正的奢侈並非以金錢買得到的。這就是我奉行的生活主義。

目錄

第一部

既狼狽，又高雅

01 該死的賓拉登，我被裁員啦！

最好在生活中習慣失去，這樣便能幫我們省掉許多悲傷。

——歐洲巨星赫爾穆特·貝爾格（Helmut Berger）

曾經，經濟發展一片欣欣向榮，我坐在美輪美奐的辦公室裡，口袋裡安穩地擺著自己的名片：我可是某家知名媒體的員工呢！感謝德國英明睿智的勞工法，我很篤定地知道：哈！只要跨越一定的工作期間，我等於是和這份工作締訂終身啦，未來的日子可穩當囉！我的工作合約（我記得，我把它擱在家中書架上的某個角落）用檔案夾乾乾淨淨、整整齊齊地夾好擺在那兒。合約上清清楚楚地載明，我的薪資將「規律地」逐年往上調，嗯——每年大約增加個一千馬克吧。所以，我將，慢慢地，但絕對萬無一失地，變得很有錢。唉，其實也沒什麼好擔心的，因為，未來可能發生的所有問題（雖然我現在通通還沒遇到），我親愛的老闆已經幫我全部打理好了；他為我買了退休保險、醫療保險、失業保險和看護保險，林林總總加起來，他支付的錢大概和我的薪水一樣多。

但一夕間，一切全變了，我們老闆突然喊「卡」，並猛踩「緊急煞車」。這一切都要怪賓拉登這傢伙，怪他在紐約幹的好事，歷史因此而改寫了。聘用我的那家公司就像是突然覺醒了一樣；他們忽然發現，花大把大把的鈔票投資在新的「人力資產」上（以現在的觀點回顧）未免太蠢了吧。過去之所以這麼做，全是因為大家都懷抱著一種夢想：大家都以為，九〇年代末期經濟欣欣向榮的黃金時代會生生不息地昌盛下去。結果，這一猛踩煞車，所有資歷尚淺、年資未滿兩年的新進員工，全都硬生生地被拋出了車外。

在我剛進這家公司時（它是家報社），每天的徵才廣告多到刊都刊不完，所以報紙總是厚厚的一大疊。到了週末，更是厚到連信箱都塞不進去了。那些不需要找工作、對就業市場完全不感興趣的人，週末攤開報紙第一件要做的事，就是得把厚厚的廣告版通通抽掉——這麼多紙，一年肯定得砍掉一座中型混合林吧？另外再加上運輸所耗掉的化石能源——那可是不曉得花了幾千萬年才累積出來的礦藏。總之，我們出版社不曉得是根據什麼自然法則，總堅信這樣的榮景會持續下去。所有人都生怕漏接了某通電話；上至集團總裁下至退休老人，大家都爭先恐後地急著把一生積蓄通通丟進股市裡。每個人都生怕一個恍神，錯過了飆漲行情。所有的企業都在尋找投資機會，所有百姓都在拚命消費，「買股票」更成了最熱門的全民運動。

但「大難將臨」總有時，這一切終將結束。最早嗅出這股氣氛，並察覺情勢不對的人，當然就是媒體工作者囉！營業額一萎縮，企業第一筆要刪的錢就是廣告費。刪廣告費既不會引起眾人反彈，也沒有什麼必須克服的行政障礙或技術問題，尤其是立刻能省下好幾百萬支出。至於我們這一批，一直被視為此一保守報社改革勢力的新人，理所當然就成了這一波高薪就業市場上被先後裁員的頭號犧牲者了。

就我個人的情況來看，其實蠻慘的。雖然我家只是個小家庭，但除非每個月都有固定收入，否則怎麼養家活口呢？即便如此，我還是很努力地在幫公司找藉口——其實這也不難理解，時機這麼壞，還有哪家公司負擔得起培植新進員工呢？於是，我決定用自我解嘲的方式接受我的命運——等著被裁員吧。但突然間，我有種很深的覺悟：這應該是我生命中的關鍵時刻，我要把握機會，讓自己千古流芳！

在離職前的最後幾個禮拜，為避免露出半點對「命運不公」的哀怨，我刻意表現得非常輕鬆愉快。我還一反常態地戴起了蝴蝶領結，甚至每天戴；如今很少人這麼做了，只有幾個年長的同事還在堅持。在我最後一次踏進編輯部的那一天——啊！那竟是個陽光璀璨的美好秋日——我把屬於我的所有痕跡，丁點不留地從我的辦公室裡抹去：我把剩下的最後一盆盆栽送給了董事長秘書，盼她悉心照料。然後再到每間辦公室，逐一向所有同事道別，並順便提醒他們：我可是把辦公室整理得「一塵不染」後才離開的喲！

裁員大樂透

對我們這批被資遣的人而言，世界突然間變了，「未來」跟原先預期的完全不一樣。於是，大多數人認為，公司對我們真是「太惡劣」了：先是把我們像寶一樣捧著，然後又棄之如敝屣！嗯……關於這個嘛，雖然這是我生平頭一遭，也是截至目前為止唯一一次被裁員。基於個人的經驗有限，我的看法或許不太具公信力。但是，我還是覺得，公司「並沒有」特別虧待我們。真正惡劣的做法才不是這樣呢！在那些所謂新自由主義的國家裡，比方說英國啦，法律並沒有明確規定資方該怎麼通知員工「他被裁員了」。於是，倫敦一家保險公司，只用手機簡訊就叫員工滾蛋。另一家公司更有創意，而且還效率卓著：他們乾脆啟動警報系統佯稱火警。驚慌失措的員工全數自動離開座位，聚集在辦公大樓前。接著，奇妙的事發生了，所有被裁員員工的晶片都失效了，再也不得其門而入——此舉堪稱裁員的經典之作啦。另外，美國一家投資銀行也很妙，他們在旗下的倫敦分行舉辦了一次「樂透抽獎」：抽到「〇」的人，就必須自動離職。

被裁員，無論如何都讓人不舒服，但若要說到做法親切委婉，我們公司肯定算是「頂級文明」的了。首先，我被邀請到主管的辦公室去，舒舒服服地坐在他柔軟黑亮的皮沙發上，然後靜靜聽著他口沫橫飛地對我再三保證：失去我是公司「多麼大」的損失。接下來幾星期，沒被裁員的同事都會對我異常客氣，友善地就像醫生已正式宣布我罹患絕症似的。令我好生驚訝的是，除了同事以外，其他人也開始對我另眼看待。在總統舉辦的夏季餐會上——這是我最後一次代表報社出席採訪，我正打算要好好大快朵頤一番，連那平常看都不看我一眼的柏林市長，也老遠對我投來「哀悼的眼神」。

其實，所有走在柏林街頭的人都心知肚明，裁員風暴將一波波襲來。那些象徵著九〇年代繁華與熱情、由建築大師一手打造出來的玻璃辦公大廈，如今都高掛起「辦公室出租」的招牌，下面還附了一行小字：「價格優惠」。到底有多優惠？許多房東為了不讓房子空著沒人氣，甚至願意將四壁蕭條的辦公空間免費提供給那些付不出房租的窮老闆。

腓特烈街原本是萬眾矚目的黃金地段，每個人都以為，這裡將成為新的金融地標或高級名店街：無數豪華飯店、珠寶店、西服店、高級女裝店紛紛進駐。結果，當其他小城市，如烏姆或菲林根擠滿了購物人潮，有錢人趾高氣昂、心浮氣躁地提著一袋袋戰利品，疾步穿越人行道時，腓特烈街（值此尖峰時段）竟空無一人；不管是香奈兒、愛瑪仕，還是LV的專櫃小姐，經常整天見不到一個顧客人影。如果，突然有人推門進來

（比方說搞不清楚狀況、誤闖禁地的俄國佬），進門後的表情肯定目瞪口呆、不知所措到極點。在他們驚訝得嘴巴張得老大、下巴幾乎掉到地上的洞裡，我彷彿看見了經濟大蕭條的鬼影。九〇年代初期，大集團如福斯汽車或德意志銀行，在菩提大道或腓特烈街買下彈丸之地的價錢，如今可以買下半座城市了。

我們的社會制度顯然也出了問題：一個體魄強健、年輕、受過高等教育的大男人，竟然會被歸類為「需要救濟者」——這未免太不可思議了！但無論如何，結果很美妙：國家將繼續支付我比原先薪水稍微少一點的「所得」。根據法律規定，在一段時間後，我甚至有權要求政府比照我失業前最後支領的傲人高薪，逐步調升失業救濟金的額度。你甚至可以聲稱自己曾經開過個人工作室，這種「一人」企業每月所能領的救濟金，差可媲美印度航空公司正駕駛的年薪。

最最讓我覺得匪夷所思的，是一個大約跟我同時被裁員的女性友人。她原先在一家電視台擔任編輯。雖然她父親貴為一間跨國集團的董事長，但她還是覺得，既然公司要她走路，就應該在她找到下一個工作前，支付她過渡時期的補償金。於是，這位小姐滿腹委屈，開著父親送給她的BMW大5系列，翻山越嶺，大老遠趕去坐落在慕尼黑近郊「富豪窟」的集團宮殿裡，向父母哭訴自己的遭遇及打擊。最後，她當然拿到了她的補償金——絲毫沒有一點良心不安！她向我解釋：她「有權」這麼做！只要依法有據，就不會錯。

當然啦，我也同樣「收下了」我的失業救濟金，嘿——還真是為數不少！這筆錢可以讓我在展開「失業父親生涯」前，先帶全家人去好好度個假。度假回來後，我在堆積如山的信件中，發現了勞工局寄來的通知，上頭工工整整地用打字印著：由於我錯過親自到勞工局延長失業救濟金的領取期限，所以他們決定停發我的失業救濟金；但是我有權對此提出抗議，不過，我又錯過了行使這項權利的期限。

並非每個人都罩得住

真是何其慶幸啊，我們竟生活在這樣一處人間樂土！正如彼得．史洛特岱克[1]所言，這國家「允諾其五分之四的子民永保富足」。問題是，德國真能像「他們」所說的那樣，永保目前的最佳狀態嗎？難道，滋味甜美如香草醬的社會救助與國家津貼，不會有一天突然付不出來嗎？潛藏在社會各角落的失衡問題，真能永遠藏得住嗎？德國真的能

---

1 Peter Sloterdijk，德國當代哲學家兼時論家。

實現前總理艾哈德[2]競選時所提出的「全民富足」這種不切實際的意識形態嗎？

大部分的專家，甚至那些德高望重者都認為，目前的裁員只不過是牛刀小試，真正的好戲還在後頭。據估計，單是二〇〇五年就會有十萬家企業和個人宣布破產。而且企業外移的速度還在加快中，因為有越來越多的企業打算外移到工資較低的國家去。保守估計，德國到了二〇一〇年，製造業中每四個人就會有一個人要失業，服務業裡每三個人當中就會有一個人丟飯碗。雪上加霜的是目前正吹得如火如荼的合併風。以金融業為例，德國的就業市場有四十萬人是銀行職員。試想，如果剩下的銀行數目不到一半，有多少銀行職員能保住飯碗？此外，全球化的趨勢也嚴重衝擊著我們的薪資結構，即便那些沒有被裁員的人，也不可能繼續維持以往的生活水準了。

在馬克思．韋伯與維納．宋巴特[3]的著名對話中，韋伯曾經說過：在人類打開世上最後一桶原油的那天，資本主義就要完蛋了。這一天，恐怕我們大家都有機會親眼目睹。科林．坎貝爾[4]是研究國際原油狀況的權威，其發言深受各界重視，他在二〇〇四年曾經警告：「以現在的情況看來，石油產量在這幾年很可能會達到最高峰。」他之前預估的「最高峰」是二〇一〇年，大家還覺得他太過悲觀。無論如何，這個「最高峰」將是「全球經濟的轉捩點」。只要石油產量一走下坡，各國開始動用儲備原油後，情況就會是：供給量不斷下降，需求量卻持續增加。

如果，目前駭人的油價上漲，只是地球原油用罄前的最後預演，那麼大夥兒就有幸親臨人類史上劃時代的關鍵了。接下來要發生的經濟危機，將讓一九二九年的世界經濟大蕭條相形失色，簡直算是小兒科！無憂無慮的聖誕節採購、為了洗兩雙臭襪子就啟動洗衣機、第二間房子、第三輛車、突尼西亞的週末行，我們眼前的這一切很快就會成為無法想像的古老神話。電費、水費、暖氣費、運輸費，所有經濟活動和家庭支出的成本都將大幅飆漲。即便我們緊衣縮食、回收優格杯、改用最省電的環保燈泡也無濟於事。世界經濟的穩定度，大概只有德國前外長費雪的婚姻**5**可比擬！

讓我們面對現實吧！錦衣玉食的年代已徹底結束了。對我們這些恭逢其盛的人來講，其實也有好處：數十年來資本主義不斷告訴我們，貧窮是一件可恥的事。貧窮代表著：「這傢伙是失敗者！」所以，此人非笨即懶。資本主義不斷為我們編織神話：「每個

---

2 Ludwig Erhard（1897-1977），於一九六三年至一九六六年之間擔任德國總理。

3 Max Weber（1864-1920），德國社會學家。Werner Sombart（1863-1941），德國著名的經濟史學家。

4 Colin Campbell，石油地質學家。

5 費雪（Joschka Fischer）是施洛德執政時代（1998-2005）的外交部長，歷經過四次婚姻，在二〇〇五年梅開五度。

人都能！」但事實證明，這根本不切實際。並非每個人都能罩得住！很多人會在事業上摔跤，一切競爭總是有贏家，有輸家，而且，未來輸家會越來越多。值得慶幸的是，如今敗下陣來的人、變窮的人，不必再為自己的失敗感到自責了，因為整個時代都在走下坡，他只是當中的一份子。真是令人寬慰啊！個人命運竟具有如此重大的歷史意義。

一個人失敗真的很不好受，但是跟著整個時代，和同時代的所有人一起沉淪，卻讓人覺得好過多了。這也就是許多貴族在一九四五年被趕出宮殿，趕出城堡時，卻還能若無其事，不怨天尤人的緣故，他們甚至很快就適應了新處境。一位波羅的海老公爵操著他含混不清的波羅的海口音跟我說：「這樣的命運，很好啊！親愛的，很好啊！雖然我們什麼都沒有了，卻終於有機會去到世界各地走走。巴黎、馬德里、南美洲。一直待在愛沙尼亞鄉下，真是無聊死了。」

基於個人經驗，我絕對有資格跟各位說：只要態度正確，變窮甚至可以是一種優勢：因為，它會讓你變得更有格調。數百年來，我的家族不斷在沒落，值此變窮之盛世，我覺得自己責無旁貸，應該把一些寶貴的經驗提出來跟各位分享，尤其是：如何讓自己在變窮的過程中，依舊覺得富足而美好。

五百年的沒落史

若要追溯我家族的興起，那真是古早古早以前的事了。那是個盜匪橫行，民智未開的年代，人們常常要為出沒不定的盜匪提心吊膽，於是人民決定央請武力較強的強盜來保護他們，幫他們抵禦武力較弱的強盜。於是，源源不斷的保護費流進了我祖先的口袋，金額之龐大，讓我們修築起美麗的城堡。我們的第一座城堡建於第十世紀，坐落於圖林根的薩勒河畔[6]，名字就叫笙堡，意思是美麗城堡[7]。十二世紀中葉，紅鬍子王腓特烈一世[8]主政期間，我們的領土逐漸擴張到了幕德蘭地區，並且重新在格勞豪[9]建立了我們的大本營。這座新城堡跟一般擁有護城河的城堡很不一樣，它的壕溝並沒有引水防禦——因為根本用不著，大棕熊自會幫我們看家，再凶猛的敵人看到牠們都要退避三舍。直到十八世紀，我們才統治了如今的薩克森西南部。同時間，維丁家族被封為選帝

6 位於德東。
7 也就是作者的姓。
8 神聖羅馬帝國皇帝，在位期自一一五二到一一九〇年。
9 幕德蘭和格勞豪皆位於德東的薩克森邦。

侯10，幾世紀以來，他們就覬覦我們在幕德蘭的統治權，並不斷向我們挑釁。隨著其政治勢力不斷擴張，我們也越來越無力招架。

薩克森王國在一八〇三年徹底併吞了我們的領土。但在一百五十年後，也就是當蘇聯占領東德後，我們才真正被趕出了宮殿——被共產黨給趕出來。這些皇宮，當然包括了父親童年時居住的維荷瑟堡。那裡的花園一望無際，把幕德蘭人訓練得走起路來婀娜多姿。不過那時，我們家族的勢力早已式微，財富也大不如前了。戰後，蘇聯占領軍沒收了家族的所有財產，其實不過是為我們幾世紀以來的沒落劃下了「理所當然」的句點：從擁有自己獨立的小王國及領土，一路沒落到成為空有頭銜的平民貴族。但在沒落的過程中，我們練就了一身「承受失去」的功夫，日後更成為我們家族生存的最大優勢。

父親和母親，此二人絕對有資格榮獲高水準窮人的封號。身為大時代的兒女，他們都經歷了離鄉背井的逃難命運。父親十六歲時，首先帶著祖母和他五個年幼的弟妹逃往西德，然後又獨自返回幕德蘭。他之所以敢回去，是因為他認為蘇聯占領軍也沒什麼好怕的。回去之後雖然被捕，但很快又被釋放了，理由是：他可是專程從西方聯軍那裡回來的投奔義士！另外還有件事也很有趣，當他潛進父母住過的皇宮去搶救家當時，他挑選的標準真可謂不同凡響！他既沒拿珠寶，也沒拿純銀餐具，只拿了一對公羊角——這是他跟祖父去狩獵時，生平第一件戰利品。

我母親則遲至一九五一年，史達林主政的恐怖時期，才從匈牙利逃至西方。當年她二十一歲。當她從滿是水蛭的奧地利新移民湖上岸時，她對匈牙利已毫無眷戀了——至少物質上是如此，因為她在匈牙利早就一無所有了。在共產黨統治下的匈牙利，母親因為貴族身分而被批鬥成無產階級的敵人，甚至連應徵清潔婦都被拒於門外。

父母親在西德經濟起飛的時期相識、相戀，並結婚。結婚時，他們除了必要的東西外，實在身無長物。他們在柏林的工人區坦培霍夫找到一間狹小的出租公寓，大姊瑪雅就是在那裡出生的。後來又搬到司圖加特，二姊葛羅莉亞是在那裡出生的。之後因父親受聘於電台「德國之音」任駐外記者，被派遣去非洲，所以我們便舉家遷非。六〇年代中期一直到六〇年代末，我們都一直留在非洲。首先住在多哥的首都洛美，那裡是哥哥的出生地，後來又遷往索馬利亞的首都摩加迪休，但無論住哪裡，德國之音駐外記者的微薄薪水，在非洲都能讓我們過得闊綽如貴族。

登陸月球的那一年，我在摩加迪休出生。同一年索馬利亞爆發內戰，父母親被迫返回德國。無憂無慮（至少經濟上是如此）的非洲插曲正式結束了。他們又在德國落地生

10 有權選出神聖羅馬帝國皇帝的選舉團。

根。當時正值德國經濟繁榮的階段，整個社會籠罩在富裕的氣氛中，但我的童年卻沒有感受到這股富裕氣氛。父母親的生活方式可謂「克勤克儉」。同學家的冰箱都塞滿了各式各樣的零食，吃巧克力成了小孩子的基本人權。但是我們家冰箱裡除了一罐牛奶外，總是空無一物——至少在我的記憶中是如此。

整個童年期間，餐桌上的食物永遠是馬鈴薯和荷包蛋。什麼「度假」啦、「零用錢」啦，我都是聽同班同學說的，在我家從沒發生過。可是我們家卻布置得高尚優雅，甚至比大部分的有錢同學家還要漂亮。母親的裝潢功力一流，她所應用的新貧時尚藝術更是令人大大折服：她用美麗花邊包裹起三夾板書架，以抱枕及華麗桌巾為IKEA廉價家具變身。當其他人為彰顯自己的身分地位，追逐著各種流行與象徵時，我父母卻將節儉的美德與藝術發揮得令人嘆為觀止。父親最常穿的是一件補了又補的夾克外套，和一條皮長褲——他捨不得穿布做的長褲，因為怕弄破了。我的衣服則基本上全來自哥哥穿不下的，或接收自堂哥、表哥。每次只要媽媽依照可怕的慣例說：「兒子們，咱們去買衣服。」我的治裝費一定會全被省下來。

父親除了是德國之音的駐外記者之外，還是個「環保志工」：他樂於當大自然的守護者。過世前幾年，他還代表家鄉出任幕德蘭地區的國會代表。但這個職位對他而言，最重要的意義和目的只在於：能為森林和狩獵請命。在兒時的記憶裡，我總覺得打獵時又濕又冷，得穿著厚厚的黃夾克，跟著大夥兒一起慌張地去圍獵，「快！快！快跟上來！」我跟父親一起埋伏在高處，只要我輕輕一動或稍稍發出點聲響，就會被立刻制止，所以我總是要憋著氣呼吸。父親開的永遠都是最便宜、最爛的車子。他的俄國車拉達，他的皮褲，還有他那穿得都快磨破的舊襯衫，每次都讓我覺得好丟臉！但如今我終於了解，其實他是個多麼風格獨具的人。每當我回想起他穿著破舊的深色西裝走進國會殿堂的那一幕，啊，多麼不同凡響！比起其他清一色穿高級西裝的同僚們，他真是出色太多了。

貧富兩界的走私者

今天我終於了解：父母的「節儉功力」不僅是為了實際需要，還遵循著某種美學原則。鈴木愛作**11**曾在《射藝之禪》中談及「日本武士的侘寂精神」，所闡述的中心思想是「不足的美感」與「儉約的美感」。武士從來不會因衣衫襤褸、外表醜陋而遭人憎惡——裝扮華麗、奢侈浪費才是「無情」的行為及表現。歐洲版的侘寂美學，當屬由我父母發

---

11 活躍於歐洲的日本陶藝家。

揚至臻境。一只茶壺唯有出現裂縫或黏補過後，父親才會覺得它具有美感，一件夾克一定要舊到沒有人肯穿了，父親才會樂於天天穿它。

雖然後來二姊葛羅莉亞嫁給了突恩暨塔克希斯侯爵[12]，但我們家的生活並沒有因此而改變，畢竟我們已經很熟悉怎麼當個有錢人家的窮親戚了。戰後我們家族一直都跟有錢親戚走得很近。祖母在流亡時曾經帶著她年幼的孩子們去投靠祖父的妹妹，這位姑婆嫁進了馬克西米連家族[13]，這個家族可是在歐洲擁有最多森林的富豪。姑婆的丈夫非常慷慨（這在當時非常罕見），將他位於波登湖畔[14]聖山皇宮的一部分，借給祖母跟她八個孩子居住。祖母在那裡住了很長一段時間，直到父母親買了自己的房子，才把祖母接過來住。除此之外，我和哥哥姊姊們的童年，有大半時間也都是在有錢親戚的皇宮或森林裡度過的。但是父母常告誡我們，絕對不可以將自己和親戚們的生活混淆在一起。我記得有一次，我只是請僕人幫我拿杯可樂，還是其他什麼小東西——我已經不太記得了，卻被狠狠地教訓了一頓，爸媽說：小孩子絕對不可以使喚僕人。

對我而言，貧富齊聚一堂乃再平常不過的事了。但有錢人和沒錢人之間，總是隔著一條無法踰越的界線。有人說，打獵和舉行慶典時，貴族們會不分貧富全員到齊，或許沒錯，但更正確的是，那些沒錢的親戚其實是很不受歡迎的。在不算很富有的有錢貴族裡，威斯特法倫男爵的行徑堪稱經典：戰後，他為了怕窮親戚蜂擁而至，嗷嗷待哺成為他的負擔，他乾脆壯士斷腕，把一大部分的皇宮給拆了。過去整個家族的大家長會一肩扛起所有責任，照顧全部族人，並且義無反顧拯救落難親友，甚至給予長期援助，但那個時代似乎早就過去了。他們的後繼者徹底終結了這種風範與擔當，並且不再願意跟窮親戚們打交道、做朋友了。

不過，如今就算是有錢貴族，也已經很少人會雇用一大堆傭人，住在皇宮般的豪宅裡。影響所及，窮貴族和富貴族也越來越難分辨。長期寄住在有錢親戚家的可能性越來越低。那個被親戚邀去喝茶，一喝就是三十年的時代，已經完全過去了。縱使那些最有錢的貴族家庭，那些二十年前還居住在皇宮裡的貴族，也大約都在十年前搬進較小的行宮，而今更是換到實用簡單的花園別墅裡。所有貴族如今都過著「現代生活」，也因此，窮貴族和富貴族之間的來往也更貧乏。事實上，百分之九十的貴族是向人租房子的無殼蝸牛，情況好一點的話就是住在鄉下那種一整排並列，一棟一戶的普通房子裡。其實，

12 十二世紀發跡於義大利北部的皇家郵政貴族，帶動歐洲郵政史的開端。十八世紀時移居德國，到現代已成功轉型為企業家，是少數仍然居住在皇宮中的德國貴族。

13 其祖先馬克西米連一世和二世都是神聖羅馬帝國的皇帝，也是德國的統治者。

14 德國境內最大湖泊，位於德、瑞、奧三國邊境。

他們過的就是一般人的生活：開著老舊的二手車，每天為工作而忙碌——如果他還算幸運有份工作的話。

得知我被裁員後，有位同事跟我說：「沒問題啦！你根本用不著煩惱！」那口氣就好像，只要名字裡有個「封」[15]字的人，在窩瓦河對岸就一定還有大片農莊等著他去回歸鄉野。看來我得甘冒被罵得狗血淋頭的危險，不惜打破大家對貴族的美好想像與傳說，把事實說出來：德國貴族裡除了五根手指頭數得出來的少數幾家人以外，大部分的人早就不再是擁有大片土地的富豪了，他們早已淪為德意志民主共和國裡面對現實生活的普通老百姓。

在我少年時期，過世的二姊夫約翰納斯．封．突恩暨塔克希斯侯爵很喜歡叫我當他的小跟班，讓我有機會遊走於貧富兩界，看遍知書達禮窮人和寡廉鮮恥富人之人性百態。但我也為此付出了許多代價，經常要冒適應不良的風險：今天坐在阿拉伯石油王子、印度土財主、歐美富豪的身邊把酒言歡，明天卻得回學校當個窮學生，或者，後來工作後，得回崗位上當個落魄的自由記者。最後搞得我一輩子都得跟「麗茲酒店侍應生症候群」周旋奮戰；這是發生在麗茲酒店高級侍應生身上的一種「奢華病毒」，受此病毒殘害的傢伙一直無法適應生活中的兩種極端：白天他接觸到的生活型態都是美輪美奐、揮金如土的奢華人生，但下了班，卻得回到只有兩間房的狹小公寓，聽著漏水的水龍頭不斷滴答作響。

一方面基於對父母節儉性格的反感，一方面基於對浮華世界的嚮往，我開始發展出許多特殊嗜好，比方說，坐頭等艙的嗜好。每次母親載我到慕尼黑坐火車時，在她面前，我一定會登上二等車廂。等火車一開，看不到她的身影時，我就迅速換到頭等艙。我總是小心翼翼地不讓家人知道我的嗜好，否則一定會惹來訕笑。有一次媽媽在我的口袋裡發現了一張柏蘭特精品店16的收據（我請他們幫我印製昂貴的私人專用信紙），她認為一定是對方搞錯了。還有一次，一位在巴登巴登17布蘭諾爾花園飯店工作的表親跟母親說，我曾到那裡住過一夜，母親同樣斬釘截鐵地跟對方說，一定是他看錯了。

長大後搬出父母家，我和幾個朋友在倫敦合租了一間公寓。那時候，雖然我收入還不錯，有段時間甚至非常好，但花錢如流水，常常錢剛到手就沒了。不過很幸運，錢來錢去一切都還蠻順利，錢總是有辦法源源不絕地從提款機裡流出來，簡直像自來水一

---

15 封（von）字通常是指這個家族原先的發跡地或封地。名字中有冠上這個字，就代表他是貴族。
16 慕尼黑一家歷史悠久的精品店，尤以印刷品聞名。
17 德國知名的度假勝地。

樣。但有一天我忽然驚覺：我連在加油站或火車站的小商店裡，都能買到兩手提得滿滿的；刷牙時更是讓水龍頭的水不斷嘩啦啦地流，好像水聲是刷牙時非有不可的伴奏一樣。更離譜的是，開車時，如果錢從口袋裡掉了出來，我竟然連彎下腰去撿都懶。於是我覺悟了：原來我的奢侈、我的浪費，是對父母親克勤克儉的一種可笑反抗。不過我卻也同時意識到：原來父母發揮得淋漓盡致的放棄藝術，不僅是基於儉樸的美學原則，還基於實際效用——為了讓享受達到最優化。

最早提出這種理論的人是伊比鳩魯：人要節制享受，並不是因為感官享受不好，而是要避免過度放縱後，隨之而來的惡果。對伊比鳩魯而言，暫時放棄享受，其實是為了提升享受的能力。一味縱情享受的人，到後來無論得到什麼再珍貴的東西也會覺得索然無味。經濟學家稱之為「邊際效用遞減」：到達某個高峰或最高點之後，無論再怎麼增加都無法產生差別了。比方說，像海涅．帝森[18]這麼有錢的富翁，他在客房廁所裡多掛一幅畢卡索真跡，會讓他覺得生活品質提高許多嗎？再打個比方，如果讓尼可．佛度[19]每個禮拜專程飛去阿拉伯，陪酋長的兒子打幾個小時的高爾夫，你想，富可敵國的阿拉伯王子會覺得這件事有什麼了不起嗎？

在目前這個供給過剩的社會裡，消費者註定要失望！整個經濟體系不斷透過各種越來越精細的洗腦手法，企圖叫我們相信：幸福是買得到的。但越來越多的事實證明，這根本是謊言。許多健康食品，從充滿異國風情的印度茶到纖體巧克力布丁，消費工業不斷企圖要矇蔽我們。所以，無可否認的：我們需要一個全新的奢華概念！**無論擁有多少金錢和物質都無法讓你獲得富足，唯有「觀念正確」才能獲得真正的富足**。

這些觀念包括了：**願意放棄——放棄所有人都在追求的東西；自主性——不拿別人的生活標準來衡量自己的生活；正確的態度——經濟狀況走下坡，並不代表天要塌下來了，它反而是一種契機，是我們改善生活型態的大好機會**。就像馬克思．弗里斯20所說：危機是種特殊的生產狀態，只有處在災難威脅中才能體會。

在這個強調一致性、標準化的時代裡，或許危機就是轉機，我們應該在這一片和諧之中攪個局，也就是說：不要再聽信那些行銷伎倆了。雖然咖啡連鎖店不斷向我們推銷「超頂級」特調咖啡，但我們沒道理非聽不可啊！我們還是可以大大方方地點杯黑咖啡，既不要糖也不要奶精。難道，只因為行銷部某位仁兄在狂喜中突發奇想，決定叫一般的

---

18 瑞士富豪，所屬的帝森公司是歐洲最大的鋼鐵生產商，全球富豪排名第三百一十七。

19 Nick Faldo，英國高爾夫名將，曾贏得三次美國名人賽及三次英國公開賽冠軍，並曾經高踞世界排名第一的位置達九十八週。

20 Max Frisch（1911-1991），瑞士作家，著名作品有《玻璃玫瑰》等。

杯子做「出色超級杯」，大家就非得要跟著他這麼叫？還有就是芝麻菜21的例子：原本，再前衛的沙拉都不會想到要放芝麻菜，因為這種菜的味道實在太苦。後來不知道哪個天才，竟然用義大利文Rucola來取代德文的Rauke。從此之後芝麻菜便謂為流行，德國境內幾乎沒有一道菜不「加進」或「擺上」芝麻菜的。在德國景氣最好的「新經濟榮景」期間，全德國從北到南，從漢堡的愛彭多夫到慕尼黑的綠森林，所有人都一窩蜂流行吃芝麻菜。為滿足超高的市場需求，布蘭登堡和麥克倫堡－佛波門附近的農民簡直全卯足了勁種植芝麻菜。

「變窮」就是「優質管理」

只有一種方法能讓你縱使沒錢也很富裕：先把自己的各種需求徹底檢查一遍。看看有沒有哪些需求，是你沒有它反而會更富有的。這樣的例子不勝枚舉，比方說：手機。你真的需要手機嗎？當今之世，失聯似乎成了一種特權。難到唯有賓拉登之徒才有享受這類特權的資格？還有網路，你真的需要網路嗎？前世界銀行總裁詹姆士·渥芬森（James Wolfensohn）竟說：最窮的窮人都應該有獲得乾淨飲水的權利，以及自由進出「資訊高速公路」的權利。也就是說，沒辦法接觸網路的人，就像是被新經濟革命屏除在外一樣，只能淪為數據時代最等而下之的人。

但讓我們回頭想想：透過網路和全世界的同好聊天，玩線上遊戲，這真的是生活必需品嗎？或者，其實好奢侈？也許，如今最大的奢侈，反而是能夠不在乎這些東西，能夠放棄它們？古希臘時代總用「白痴」來稱呼那些不願意參與公共事務的人。但今天，在這個所有人都跟社會脈動息息相關，每個人都被公共事物團團包圍的時代裡，「白痴」的意義或許跟當初的意義剛好相反。如今，沒有能力從社會網絡的牽絆中抽身的人，才叫白痴。

其實，當我們被迫不得不跳脫開來，不得不對習以為常的生活方式做一番總檢討時，我們反而有機會認清，什麼才是生活中最彌足珍貴、真正奢侈的東西。「變窮」能讓我們學習到，如何判斷事情優先順序，如何分辨出什麼才是最重要的。套句專業經理人的話（他們這批人「最懂」效率了，如今的天下幾乎全掌握在他們手裡），我們終於可以重新把重點放在核心業務上，並且進行「優質管理」。就像企業界現正推行得如火如荼的「緊縮成本」政策一樣，我們也應該以此因應現代生活。該怎麼做，才能過得既節儉，又

21 一種葉子呈不規則狀的野菜，歐洲人一般用在的沙拉裡。

能贏得生活品質？別急，讓我在書中為你慢慢剖析！

首先我必須聲明，我絕對無意毀謗任何一種休閒事業或享受，連影射的意思也沒有。我只是想對某些現象提出一些質疑——這應該沒問題吧！現在大家一窩風流行短期度假，難道沒有別的事情比它更享受了嗎？難道大吃大喝那些所謂的「美食」，真的就很享受了嗎？或者，其實更像是活受罪？我們原本寄望這些活動能讓生活變得更美好，絕不是想把生活搞得更糟糕。

「享受」原本是促使人類願意和世界接觸的重要動機。沒有了快樂、不能享受，人類的心靈就會枯萎。只有懦夫和假道學才會說，我們應該捨棄物質，謝絕任何形式的享受，並遵循苦行、徹底禁慾。就像戴奧吉尼斯[22]那樣，自願過著髒兮兮的苦日子，選擇住在桶子裡，對一切都無動於衷，拒絕任何形式的舒適。其實像他這樣子的苦行，根本不能叫藝術，所以也就無從衍生出我所要提倡的放棄藝術了。真正的藝術是一種能力：首先要能分辨什麼是真正的美好事物，其次要能拿捏分寸，懂得如何讓自己將這些美好事物享受到最高點，最「恰如其分」。所以，放棄的藝術，其實是贏得「真享受」不可或缺的大前提。

如果真想擁有優質的享受、優質的幸福人生，有項原則必須牢記於心：一個人越任性、依賴的東西越多，就越容易感到貧窮，因為他會老是處在不滿足的狀態中。許多有錢人其實都活得很貧窮——絲質襯衫熨得不夠平整，總統從他身邊走過沒跟他握手，轎車司機滿嘴蒜頭味——反正看什麼都不順眼，覺得什麼都不對勁。

絕大多數的富人都過得很不快樂。有關這一點，我們每個人都該好好反省，因為，跟其他地方的許多人相比，我們已經算是有錢人了。那些看起來還蠻快樂的有錢人，通常是比較懂得自我節制的人。無論是早上那杯「非喝不可」的卡布奇諾，或是查爾斯王子吃飯時一定得隨身攜帶、「非它們不可」的銀製刀叉，其實都沒有那麼重要；「非它不可」——說這種話的人，其實是在自動投降；想以個人力量對抗庸俗、霸道的大眾文化，勝算的確不大。如果真想獲勝，關鍵就在：你要讓自己「沒它也行」，千萬不要認為，世界上有什麼東西是非它不可、絕不可以放棄的。

為了對抗非理性的消費意識，本書將提供一些生活藝術供大家參考。若能適時學會，並成為「沒錢也不改其樂」的人，那麼你很快就能成為眾人豔羨的新時代菁英了。新時代來臨後，日子過得不順心的，將會是那些家有恆產的人，他們將一天到晚害怕失去目前的優勢與財富。所以囉！擁有越少的人，失去的也就越少。如果，你也能擁有像

---

22 Diogenes（339-323 BC.），希臘禁慾主義派哲學家，提倡極端禁慾。

納博可夫[23]一樣的自信，那麼你什麼也不需要，就能成為你自己！

適應社會階級沒落是一門藝術，已經有很多先烈都把這門藝術發揮得爐火純青。有時候，沒落反而讓他們更有機會頭角崢嶸、發光發亮。接下來，我們將認識幾位將這門沒落藝術發揮得淋漓盡致的經典人物。

23 Vladimir Nabokov（1899-1977），俄國小說家、傳記作家、詩人。俄國大革命時流亡西歐，喪失全部財產。劍橋大學畢業後，先後住在德國、法國，並開始以德文、俄文撰寫詩歌、文章。一九四〇年去到美國，改以英文寫小說，著名作品有一九五九年出版的《羅莉塔》。他還以研究蝴蝶著名於世。

02 沒錢，照樣能千古流芳！

所謂成功，就是在歷經一次次的失敗後仍不改初衷，充滿熱忱。

——英國首相邱吉爾

如果世上有座「窮人英雄館」的話，裡面肯定人滿為患；若要將這些英雄們一一列名的話，像我這樣一本小書肯定要被擠爆。但是，像這樣的一座「殿堂」的確有其必要，因為它紀念的不只是那些人，還有整座城市，甚至對整個人類文明致上最高禮讚！至於堂上保留給當代名人的榮譽席，當然得留給我認識的這位老兄囉！而且還非他莫屬。這位老兄在過去幾年，每隔一陣子就會傳來令人精神為之一振的消息。在他歡度六十歲生日前，我還專訪過他：他就是當今電影史上最偉大的演員之一，赫爾穆特·貝爾格1。

跌落凡塵的歐洲巨星——貝爾格

這應該是我生平做過最難的一次專訪了。原因之一，我很喜歡他，我們倆交情還不錯。其二，他值得報導的新聞真的不多，可能就只有：貝爾格一度是歐洲最受歡迎的巨星，甚至可能是世界上最帥的男人。當年不僅是好萊塢，就連義大利電影界也都拜倒在他的牛仔褲下。如今他卻像是被貶下凡的奧林匹克神祇一樣，摘下巨星的光環後，只是一介平民。錢沒了，就連在羅馬的公寓也丟了，落得只好重回薩爾斯堡投靠老母親。在我們那個時代，「落魄」可是件相當丟臉的事。於是，不知尊重為何物的維也納媒體，競相揶揄貝爾格的處境，報導貝爾格又酩酊大醉地出現在某次舞會上，醜態百出。

那次的專訪，我們約在奧地利飯店碰面，這家飯店如今已改名為「薩荷薩爾斯堡」。一位看似流浪漢，卻又一臉高傲的男人走了進來；大廳裡所有人都本能地往兩旁靠——情況就像大家正恭迎著某位大人物蒞臨現場——這位「大人物」當然就是貝爾格囉！只見貝爾格一頭亂髮，頸子上胡亂披著條喀什米爾羊毛圍巾，正要推動玻璃旋轉門進入大廳。負責大廳接待的領班眼底閃過一絲不安，卻又立刻意識到：這個人可是繼莫札特之後，本市最出名的人物，千萬別招惹他！進到大廳後，貝爾格就開始戲弄一旁的日本遊客，只見他又是吐舌，又扮鬼臉，日本遊客個個大驚失色。但沒有辦法，只好由他去了！就連一旁穿著傳統服飾，正在與人交談的奧地利大公爵卡爾也完全裝作沒看見，眼皮連抬都沒抬一下——貝爾格就這麼大辣辣地從他身邊走過，並且還一路擠眉弄眼，猛扮鬼臉。

接著，我們的午餐正式登場。聰明的飯店經理已命人在溫室幫貝爾格擺好了一張特別席——真有先見之明！早年也當過侍者的貝爾格深知，身為貴賓，他有權在這樣一個地方提出哪些要求。

「貝爾格先生，容我向您推薦今天的菜單，龍蝦好嗎？」

「卸了殼嗎？」

「當然！並且搭配白色松露和義大利奶油細麵。」

「你瘋了是不是！？不要麵！不要奶油！天啊，你們搞什麼鬼！我要吃的龍蝦上頭多淋點白醋醬就夠了！沒有白醋了嗎？那檸檬有沒有啊？」

---

1 Helmut Berger（1944-2023），奧地利演員。參與演出的電影有二〇〇三年的捷克電影《Honey Baby》，以及一九九〇年的《教父》第三集。

若想重現當時的精彩對話，真是太難了，因為那些畫面、那些細節，豈是文字所能傳達。接下來，整個挑選佐餐酒的過程更是匪夷所思。總之，貝爾格在這些駭人的即興表演中，總不忘隨時彰顯他那「上流」姿態。不過，最令人著迷之處還在於，當他忽然對某個話題不感興趣時（這經常會發生喔！），他表現出來的那種誇張、那種不耐煩：他會忽然死死盯著對方的眼睛，然後舉起食指，活像個雨刷般拚命搖晃。這招還不管用，對方還是不識相地滔滔不絕，而且正想重新發問，話剛講到一半，他忽然整個人重重地往前一傾，上半身幾乎整個掉進餐盤裡，接著又猛地抬起頭來，圍巾上還黏著一塊淋著白醋醬的烤龍蝦。

這頓午餐吃得異常辛苦，也令人回味無窮，除了上述這些精彩片段外，我還想為後世再多留一些美好回憶：貝爾格這位爛交及雙性戀的代表人物，在他幾年前出版的傳記中曾提到，「性」最好就是「直接上了，不必前戲也不必後戲」。但現在，在他六十歲生日的前一天，他竟然一邊幫龍蝦肉抹上白醋醬，一邊略顯疲憊地說：「你知道嗎？沒有愛的性……吱吱吱……我呸！真是要不得！」前一陣子他才在媒體上說，兒時天主教嚴苛的性道德教育，讓他一輩子深受貽害，因為他只要一想到性就會充滿罪惡感。但現在，在我們共進午餐時，他竟然說：「我曾拚命壓抑的那種罪惡感……其實正是我的靈感來源，說不定還是我的守護天使想要傳達給我的訊息呢！我竟然決定不聽。」

最慘的還在於，後來他放浪形骸的地步幾乎無人能及；七〇年代整個羅馬社交圈都沉迷於古柯鹼，聚會時常有人得躲進廁所去吸毒解癮。但貝爾格，為了讓其他人相形失色，竟大搖大擺地在公開場合巨量吸毒。他還特地到義大利知名的珠寶店寶格麗去訂做了一柄吸毒專用的黃金吸管，隨時隨地掛在脖子上。除此之外，還有黃金打造的刮鬍刀片，據說是要用來把古柯鹼結晶切碎的——當然也同樣隨身攜帶。

早在他還沒有開始吸毒前，他的全盛時期早已過去了。但他確實曾擔綱演出過許多偉大的角色——我們不得不承認，那些角色真的非常偉大，其中包括：一九六八年，在盧契諾・維斯康提（Luchino Visconti）執導的《納粹狂魔》（*Die Verdammten*）中，飾演年經的遺產繼承人馬丁・封・艾森貝克[2]；在維多利歐・德・西卡斯（Vittorio de Sicas）執導的《費尼茲花園》（*Garten der Finzi Contini*）裡，飾演患有癆病的有錢人兒子。之後還主演過《路德維希》（*Ludwig*）[3]。三十歲就登上事業高峰，乃同輩男演員中最受歡迎的巨星。所以，他當然會覺得，接下來最有意義的事，就是好好「扮演自己」，把真實人

2 貝爾格因為這個角色，入圍一九七〇年美國金球獎的最佳新人獎。

3 這部電影另外還有一個中文譯名：《諸神的黃昏》。

生過得比舞台上還精彩、還戲劇化。

一九七六年，貝爾格演藝生涯中最重要的資助者及伯樂維斯康提（Luchino Visconti）過世了。在他過世後，貝爾格也找到了自己人生的新定位與角色：他扮演精神瘋狂的維斯康提遺孀，行徑荒腔走板卻不忘隨時擺出「尊貴」姿態。某次在蒙地卡羅皇家格林馬帝斯舉辦的玫瑰舞會中，貝爾格的行徑同樣令人側目。當他正笑得上氣不接下氣時，肛門竟不聽使喚地「漏屎」了，他雪白的晚禮服褲底頓時一片黃暈。舞會從晚上一直持續到隔天清晨六點，貝爾格就這麼一直屁股緊黏著座椅，死守崗位，動也不敢動一下。

落魄前的最後掙扎

其實，在貝爾格身上具體展現的乃是「奢靡之精髓」。五十歲生日時，貝爾格假艾斯騰維勒女伯爵之豪宅慶生。那次的狂歡，就像是無憂無慮、極盡奢靡之七〇年代垂死前的最後一次掙扎。他們瘋狂得就像是要把自己從傳統禮教中徹底解放出來。殊不知，解放到最高點，也是將撼動人心之沉淪樂章劃下終極休止符的一刻。當時在場的那些人，那些在羅馬式巴洛克宮殿裡盡情狂歡的名人，如今非死即殞，不是從螢幕上徹底消失，就是過世了。據說，爾後任何聚會都無人能打破那次紀錄：一個晚上吸掉、吃掉、喝掉如此之多的古柯鹼、魚子醬和法國香檳。

那次聚會的倖存者，如今只剩傑克．尼克遜（Jack Nicholson）、羅曼．波蘭斯基（Roman Polanski）——此外當然還有貝爾格，只不過他的存活方式比較獨特！多年來，他沒再飾演過值得一提的角色，但在八〇年代，他依舊活得像個羅馬王子，不斷周遊列國，甚至還有私人秘書隨侍在側，這些排場都在消耗他的財產。基本上，他無論到哪裡都是住最好的飯店，不過下場經常是：飯店從此視他為拒絕往來戶。例如說，貝爾格開的一場即興叢林派對，就毀了慕尼黑四季飯店裡的一組豪華套房。貝爾格和他的賓客們把牆上的珍貴壁毯扯下來當戲服，又把吊燈當作泰山的藤蔓。想當然爾，此次旅館費必定所費不貲。買單時貝爾格一共付了九萬馬克。旅館方面願意接受賠償，但條件是：拜託，請千萬別再來了！

德國著名的娛樂新聞記者米歇爾．葛瑞特就曾透露，赫爾穆特．迪特4導演原本屬意由貝爾格來扮演《香檳雞尾酒：皇家基爾》這部迷你影集的男主角——慕尼黑娛樂圈裡的一位八卦記者。但這位「老牌」明星的行徑實在越來越離譜，而且越來越像默劇時代

4 Helmut Dietl，德國導演，他在台灣比較著名的電影是《慾望大酒店》。

的丑角。有鑒於此，迪特最後還是決定換人擔綱演出。此後，貝爾格的名字只會偶爾驚鴻一瞥地出現在某些電影中。比方說，美國名導演昆汀．塔倫提諾所執導的影片《黑色追緝令》裡，就曾經短暫提到了他的名字。後來雖然有機會參與美國影集《朝代》的演出，但最後還是被導演轟了出去；因為導演命令他，拍攝期間不准去找傑克．尼克遜，卻被他拒絕了。「我跟他們說，我就是要去，幹！」

一九九二年秋，他的羅馬公寓發生火災，當時他早沒有私人秘書了，無數珍貴畫作，包括了米羅、夏卡爾、席勒[5]等名家作品通通付諸一炬，此外還有畢卡索的陶瓷真跡，還有一堆青年畫派藝術家的花瓶、名貴家具、書信、珍貴記憶等等通通灰飛煙滅。其實，當時的貝爾格早就失去他曾經擁有過的所有價值。他搬到奈梅亞街，無異與屬於他的年代正式告別。

他開始懂得要學習忍受生活、調適自己，但終究改不了喜歡買禮物送朋友的習慣。僅剩的錢很快就花光了。有一天房東對他下了最後通牒，要他盡快搬家。於是他收拾行囊，僅帶走少數他覺得有意義的東西，重回薩爾斯堡投靠老母親。從小貝爾格跟母親的關係就非常親密。雖然小赫爾穆特如今已長大成人，變得有點不一樣了。但母親一直都很能體諒，小赫爾穆特必須從這個令人窒息的家逃到外面那個寬廣的大千世界去。現在他終於回來了，無論是兒子或母親，都不覺得這是個不幸的結局。回到家鄉後，貝爾格有時會進城去採購香菸，一買總是一大堆，偶爾也會繞到利迪超市去拎塊鮭魚回家。只要被人認出來，大家總是對他景仰有加。如今這位薩爾斯堡市民可是位文化之士啊！

午餐後，我們一起散步，行經一處書報攤，貝爾格竟順手牽羊拿走了一個不值幾毛錢的打火機和一張風景明信片。但在不久前，就是幾分鐘前，他才剛出手闊綽地買了近一百歐元的香菸，何以現在要為了區區幾毛錢行竊？他這麼做，是為了扮演好世人賦予他的角色：一個曾經既高貴又見過世面的大人物，如今卻淪為寡廉鮮恥的無賴漢。我們在薩爾斯堡城裡散步，一路上，貝爾格直嚷著他想吐。行經莫札特之家，路旁正好有堆折得整整齊齊的舊紙箱，他竟然撲了上去，十足像個街頭流浪漢，姿態身段卻充滿了自信和格調。唉，這傢伙即便死了也一定叫人回味無窮——真是號「人物」啊！

他說，他並不在乎有沒有新角色可演，畢竟他曾經攀上高峰，現在他根本不屑流連谷底。「我什麼沒見過，巴黎、馬德里、蒙地卡羅、紐約、羅馬、米蘭。」他一口氣念完了一長串地名，我還以為我們是在討論世上哪座城市的名聲最響亮。

---

5 Miró（1893-1983），當代藝術家，出生於西班牙，作品除了繪畫外，還有雕塑、陶瓷、石版、海報等；Chagall（1887-1985），著名的猶太畫家，出生於西俄羅斯；Egon Schiele（1890-1918），奧地利表現主義畫家，維也納現代藝術的代表人物之一。

整個散步過程中，貝爾格一直捧著一本劇本。是某個英國導演寄給他的，裡面還附了一封文情並茂的信，懇求他重出江湖。他受邀演出的角色是個鬼魂，亞歷山大大帝的鬼魂。據說片酬之高創紀錄！但貝爾格一直覺得這劇本爛透了：「我才不拍這種電影！王八蛋！什麼爛劇本。我下午就跟他們說去，老子不幹！他媽的！」

坐上計程車離開前，他用口袋裡僅剩的三張揉成一團的二十歐元紙鈔，買了一大盒巧克力準備回去獻給母親，另外還買了一個薩荷巧克力蛋糕[6]，要我帶回去送給伊蓮娜——我太太。他跟伊蓮娜是在我們蜜月旅行時認識的。我還記得他那天彬彬有禮的模樣，當時他正跟哈維．凱特[7]一起在餐廳裡用餐。那天他整晚都很安靜，這讓我們有點失望。但等到他要離開時，站起來竟一個踉蹌，砰一聲，整個人跌倒在地。於是乎，他又成了餐廳裡的焦點。

道別時，他又熱情地邀我晚上去他家用餐。「我母親做的火腿煎蛋捲可是全世界最好吃的喲！」

對沒落最無動於衷的城市——比薩

如果說，人有分窮了好幾代的老窮人、富了好幾代的老富翁，以及新近變窮的新貧階級，和新近崛起的新貴階級，那麼城市也一樣，同樣分新舊。好比說，柏林就一直被視為是異軍突起的暴發戶。如果城市也像人一樣會舉辦雞尾酒會，那麼，當柏林、慕尼黑、科隆、漢堡、法蘭克福眾城市齊聚一堂時，大家最瞧不起的肯定是柏林。一定會聽到有人在背後酸溜溜地說：柏林連顆超過一百五十年歷史的石頭都找不到。大部分的建築物都剛蓋沒多久，而且還是抄襲人家抄襲好幾遍的式樣呢。坦白講，這話其實說得挺中肯，只不過，慕尼黑自己也好不到哪裡去，慕尼黑市中心只不過比柏林早建了大約一百年；慕尼黑市中心那圍繞著皇宮而建、酷似拉斯維加斯的宮殿，其實仿照了佛羅倫斯的風格，但在不知所以的現代人眼裡，還真是充滿原創性。

如果要比「老」，誰才是最有資格趾高氣昂的古城？奧格斯堡？雷根斯堡？沃姆斯？還是科隆？跟科隆比，慕尼黑不過是個剛崛起的新秀；但跟羅馬比，科隆又顯得太嫩；但到了雅典面前，羅馬又成了不折不扣的小夥子。這樣一路比下去，最後一定會追溯到巴格達，甚至到兩河流域、創世紀裡所稱的伊甸園去。

---

6 維也納的皇家精品蛋糕。

7 Harvey Keitel，好萊塢著名電影明星，主演過《國家寶藏》、《紅龍》、《鋼琴師和她的情人》、《獵殺U-571》等片。

但是，如果真想讓其他城市相形失色，只跟人家比「老」，似乎有點勝之不武。真正能打動人心的，是其過往的昌盛與繁華。越是曾經發展得多采多姿、豐富多元，過去風貌越是與今日形象天差地別者，就益發顯得無與倫比。以這樣的標準來看，比薩無疑是箇中翹楚、城中之王。

比薩優越的教育水準在八世紀時就已經遠近馳名，連查里曼大帝都專程來這裡聘請名師。比薩在十二世紀就有了法律學校。在比薩風華絕代、不可一世的時候，羅馬還不知道在哪裡呢！有長達數世紀的時間，比薩都是義大利西岸唯一的重要港口。但在羅馬興起後，為了落實帝國的勢力均分政策，比薩逐漸轉型成殖民城。羅馬帝國在北邊的熱那亞另建了一個現代化港口，比薩的地位從此岌岌可危。

爾後「蠻族入侵」，羅馬帝國滅亡，歐洲進入黑暗時期，只有某些文明孤島存活了下來，這當然是指修道院囉——自然也包括擁有許多修道院的比薩。比薩這個古老海港從此搖身一變，成了文風鼎盛的教育之都及水手之鄉。在那段政治空窗期裡，由於沒有出現任何一股壓倒性勢力，比薩得以實踐自己一統天下的宏願。其實，當時所謂的「天下」，不過是指地中海沿岸罷了。比薩從十二世紀中葉開始建立了屬於自己的霸權，並且維持了兩百多年。在其政治勢力達到顛峰時，不僅成功地驅逐了義大利南部遭海盜占領的卡拉布利亞，就連科西嘉島和西班牙的巴利阿里群島也都是比薩的勢力範圍。

法蘭克王國建立後，比薩便臣服於法蘭克王國。一二〇〇年左右，歐洲的騎士時代進入鼎盛時期，比薩也成為王公貴族、大臣、學者、商人齊聚的大都會，並且還是東西方文化與貿易的交流重鎮。融合了伊斯蘭教寺院特色及猶太教教堂精髓的比薩大教堂，就是比薩當時多元文化的最佳見證，它見證了比薩的輝煌與興盛，見證了比薩歐洲水手之都的繁華。

但騎士時代終將落幕，新時代即將崛起。紅鬍子王腓特烈一世率領十字軍東征時，渡河不慎滅頂，卒於一一九〇年，霍亨史陶芬王朝於是開始沒落。他的兒子腓特烈二世坐鎮西西里統治神聖羅馬帝國，卻和教宗時有爭執。之後蒙古人入侵歐洲，導致霍亨史陶芬王朝正式結束，比薩也因此一蹶不振。周圍城市無論是熱那亞、盧加或佛羅倫斯，都一直覬覦比薩崇高的地位與文化，如今見比薩式微，便連成一氣攻占下來。一三九二年，比薩被賣給了米蘭公爵，後來又被賣給佛羅倫斯人。民風強悍的比薩當然不會溫馴地屈服在死對頭佛羅倫斯的統治下，可是每次暴動都被佛羅倫斯的強悍部隊鎮壓住。十六世紀伽利略到比薩授課時，比薩早就不是什麼繁華的大都會，而是一個不起眼的地方鄉鎮了。

如果城市也像人一樣有知覺，懂得悲傷，那麼比薩一定會為了今日的屈辱而感慨：因為世人只知道它有一座比薩斜塔。所幸比薩樂天知命，任憑成千上萬的遊客天天湧入，在神奇廣場前與比薩斜塔拍照留念後匆匆離去，對左邊雄偉的比薩大教堂（就是我前面說的那座大教堂）和風格獨具的禮拜堂全都視若無睹。比薩城和比薩人只想對遊客的愚蠢一笑置之；所幸他們來去匆匆，拍照、消費、走人，沒機會打擾及貽害這座歷史古城。對遊客而言，最重要的是趕去下一站，去佛羅倫斯，去盧加，去托斯卡尼。

在比薩遇到的年輕人絕大多數都是高等師範大學的學生，它是義大利唯一的貴族學校。其實，就某個意義來講，比薩一直都還是一個縮小版的中世紀都會，只不過現在它再也不是世界的中心和眾人矚目的焦點了。如果有個獎項要頒給「對自己的沒落最無動於衷者」，比薩肯定是最有希望奪魁的入圍者。

越窮越幽默的匈牙利人

說到「沒落」，若沒有提到下列這兩個國家，那簡直就是白談了。因為這兩個國家在沒落藝術上的成就堪稱舉世無雙。它們就是：匈牙利和英國。無論用哪種形式來觀察，從國家、城市，乃至個人（個人尤其明顯），其出類拔萃的沒落藝術眾目昭彰。**要當個有風度的贏家並不難，但要當個體面的輸家就不容易了，除了要雍容大度、把持得住之外，在理想狀況下還得要對自己的困境抱持幽默感**。匈牙利的查洛斯特公爵在被押解到斷頭台之前，一路上還邊走邊看書呢！登上斷頭台後，他還若無其事地拿起筆來，為自己剛剛看到的地方畫上記號。全歐洲再也找不到任何一個國家的人能像匈牙利人這樣，擁有這麼上乘的幽默感和自嘲能力了。

有幽默感的人，不論遭遇怎樣的困境都能坦然以對，不會失去勇氣。世上很少有民族像匈牙利一樣經歷了那麼多的災難，不過匈牙利人卻始終樂天知命，甚至談笑風生。如果幽默能賣錢，那麼單靠外銷幽默，匈牙利人肯定就賺翻了。美國的好萊塢電影工業，幾乎可以說是由匈牙利流亡者一手打造出來的。這批人包括了電影放映機的發明者菲莫斯・福克斯（Vilmos Fox），派拉蒙電影公司的創辦人亞道夫・楚克（Adolph Zukor），《北非諜影》的導演麥可・柯蒂茲（Michael Curtiz），《窈窕淑女》的導演喬治・庫克（George Cukor），《亨利八世》的導演亞歷山大・柯達（Alexander Korda）。

匈牙利人長期把持著美國和英國的電影工業。於是流傳著一則笑話：某家好萊塢的大型製片廠，為了要招募真正有才幹的員工，竟然在門上掛出這樣的告示牌：「請注意，本公司不會單憑你是匈牙利人就錄用你！」一九三四年萊斯里・霍華[8]在柯達執導的《紅

8 Leslie Howard（1893-1943），其最膾炙人口的角色是《亂世佳人》裡的衛斯理。

花俠》裡擔綱演出英國貴族紅花俠，後來這個角色成了英國貴族的原型及典範。其實，霍華本名拉茲羅．史泰納（László Steiner），來自布達佩斯，是個不折不扣的匈牙利人。紅花俠的原著作者奧特西男爵夫人也是匈牙利人，編劇拉尤斯．比諾、配樂米克露斯．羅扎，以及其他的工作人員，幾乎清一色是匈牙利人，只有少數幾個例外。

眾所周知，柯達導演長年不遺餘力地接濟自己的同胞和那些過氣明星。雖然他已經算是多產的導演，作品超過五十部，但受他接濟過的名單甚至比他的作品還長。柯達確實是大善人的化身，而這種大善人大概只有在匈牙利才找得到；他們常常慷慨到要被人笑笨了。但他們所體現的卻是一種真正充滿人性光輝的生活品味。

匈牙利人除了健談，善於開玩笑、愛玩、會玩之外，他們還有一項最重要的「祖傳秘方」或說「獨門功夫」，那就是：越到山窮水盡時，越會表現得鎮定沉穩，不失幽默。

在一八四八年至一八四九年之間，匈牙利人一度以為自己可以脫離奧地利成為一個獨立國家[9]。維也納皇室取得俄國沙皇的協助，匈牙利人的革命行動受到在當時極為罕見的殘酷鎮壓及報復。似乎為了預演二十世紀即將面臨的慘烈命運，匈牙利當時的總理施瓦辰貝格（Schwarzenberg）接受當時年僅十九歲的奧皇弗蘭茲．約瑟夫（Franz Joseph I）的命令，幾乎殺光了所有匈牙利的高階軍官和將領。此舉震驚了整個歐洲社會，革命頗有一觸即發之勢。那些視死如歸，不肯屈服於統治者淫威的軍官、將領們，一一成了斷頭台上的冤魂及匈牙利的民族英雄。但率領匈牙利人揭竿起義的獨立革命領袖拉約什・科蘇特（Lajos Kossuth）竟喬裝成某位波蘭貴族的僕人，拋下匈牙利人，獨自逃往土耳其。

匈牙利的噩運並未結束，重創接踵而來：一次大戰之後的《凡爾賽合約》迫使匈牙利必須割讓大片領土。版圖大幅萎縮後的匈牙利，其領土較全盛時期，猶如僅剩布達佩斯。政治上，三百萬的匈牙利人必須臣服於外來政權，經濟上更是滿目瘡痍、慘不忍睹。一九二〇年六月四日，匈牙利政府與國會通過同意簽署《凡爾賽合約》，舉國上下如喪考妣，各大報更是刻意將報紙印刷得像是一份份訃聞，家家戶戶則懸掛黑旗以示哀悼。匈牙利的第三次重創，則導因於反蘇聯占領。一九五六年秋天，匈牙利陶醉在一百五十個鐘頭的獨立自由中。可惜新紀元不過是一場美夢；十月二十九日，共產黨籍

9 一八四八年，匈牙利在拉約什．科蘇特的領導下進行不流血的「光榮革命」，奧地利皇帝斐迪南五世於四月十一日簽署科蘇特所提之改革法案。雖然奧皇仍兼任國王，但匈牙利已經由封建國家變成了民主議會的憲政國家。但不少激進份子仍不以改革為滿足，要求完全獨立。於是在九月爆發戰爭，奧軍攻進匈牙利。一八四九年布達佩斯失守，匈牙利政府遷往德布勒森（Debrecen），一八四九年四月十三日宣布獨立，成立匈牙利共和國，科蘇特為總統。

的總理納吉10在群眾的歡呼聲中入主國會，並宣示性地將原本位於黨中央的辦公室搬到國會裡。好日子不長，十一月四日，那是個冷冽星期天的清晨，蘇聯軍隊於凌晨四點大舉入侵。奮勇抵抗紅軍的匈牙利百姓死傷無數，屍橫遍野。

當「秩序」重新恢復後，蘇聯扶植的新政府承諾將保障納吉的人身安全——愚蠢的納吉竟相信了——最後他還是被處決，一如他兩百二十九位革命同志。經過一八四八年的落井下石與一九五六年的武力鎮壓，匈牙利人和俄國人之間不再可能存有任何兄弟情誼了。十年河東，十年河西，歷史的更迭充滿諷刺，令人莞爾；匈牙利終於在一九八九年等到機會，對強大的蘇聯帝國還以顏色：匈牙利首先違反東德政府與莫斯科當局的意願開放邊境，這不僅讓東歐集團徹底崩潰，還一舉拖跨了整個蘇聯共產帝國。如今的匈牙利無論在政治或經濟上都有長足進步，甚至成為前東歐集團裡成績最亮眼的國家。

匈牙利的歷史讓我們了解到，失敗也可能代表了成功。以長期或宏觀的角度來看，經過長時間的考驗後，勝利者常常反而會變成失敗者。至於失敗者，既然已經置之死地而後生了，再也沒有人能夠剝奪他千古流芳的機會。

最偉大的匈牙利人：瑟切尼伯爵

為了說明匈牙利人這種獨特精神，我決定向各位介紹我的外曾曾祖父史蒂芬·瑟切尼伯爵11。他的大公無私簡直到了不可思議的地步，不過他會這麼慷慨，主要是因為他堅信：不管任何東西，到最後一定會被別人拿走，在被拿走之前，不妨先主動送人。但是，身為一個經濟學家和政治家，他又大力鼓吹節約：「如果你有三百塊錢，要花錢的時候，你一定要當作自己只有三十塊。」

我們幾乎可以說他是匈牙利有史以來最進步且最有建樹的經濟改革家與社會改革

---

10 Nagy，全名為Nagy Imre。是匈牙利共產黨的自由派領袖，一直以來受保守派打壓。保守派失勢後，成為一九五六年反俄革命的領袖，主導新政府成立，但後來為蘇聯扶植的匈牙利共黨總書記卡達爾·亞諾什（Kádár János）推翻，納吉逃往南斯拉夫使館尋求政治庇護。亞諾什曾允諾無條件釋放納吉，但最後還是將他押解至羅馬尼亞，並於一九五八年處死。

11 有「最偉大匈牙利人」之稱的瑟切尼伯爵和他的政治對手科蘇特，是近代匈牙利歷史上最重要的兩位人物；瑟切尼主張英國式的漸進改革，科蘇特主張法國式的激進革命。一八〇六年，拿破崙大敗普奧聯軍後解散神聖羅馬帝國，奧地利皇帝雖不再是神聖羅馬帝國皇帝，但仍是奧地利皇帝兼匈牙利國王。一八〇九年法軍占領維也納，曾建議匈牙利人自選本國國王，可惜匈牙利議會對拿破崙的歐洲新秩序並無好感，所以置之不理，於是錯失了獨立機會。瑟切尼就是當時這群匈牙利政治領袖中最具代表性的人物之一。他受的是英國教育，英國化很深，忠於王室，反對脫離奧國獨立。他的復興匈牙利計畫包括了社會、政治、文化、工業等各方面的現代化。他利用自己的龐大財富加上募集來的資金推動了許多建設，可說是匈牙利國會中的溫和改革派領袖。一八四八年匈牙利獨立革命時，他因反對獨立革命領導人科蘇特的民族主義主張，辭職引退。瑟切尼最後是自殺身亡。

者，是他把匈牙利帶向現代化，並讓匈牙利人充滿自信。在他推動改革之前，匈牙利一直都還停留在古老的封建時代裡，還活在中世紀拜占庭式的羅馬帝國：上流社會的貴族壓榨農奴以累積個人財富，然後再把這些錢拿到維也納去賽馬、去揮霍掉。某些匈牙利貴族甚至有錢到能遠赴東方旅行。當時只有一小撮人擁有選舉權，國家的命運完全操在他們的手中。貴族的領土權甚至還受到一條沿用六百多年的「古董」法律保障，這條法律嚴禁各種土地買賣和交易，甚至是抵押。

瑟切尼伯爵率先放棄自己的各種特權，甚至是貴族特權。比方說，他一整年的俸祿大約有五萬奧幣，全數捐給了某間科學研究院。在他的努力下，貴族的免稅範圍也被大幅縮減，此外他還在多瑙河邊興建了不少港口，並整治蒂薩河，修築「鏈橋」，完整地連接起布達與佩斯兩城。他不畏強權地對領導者進行高分貝批評，但他的勇於建言也為他樹敵不少，許多鄉下小貴族經常聚在一起焚燒他寫的書洩恨。

瑟切尼跟他的死對頭科蘇特，和匈牙利愛國詩人裴多菲（Petőfi Sándor）一樣，都對建立匈牙利人的國家意識功不可沒。他只想在多瑙河畔建立一個高水準的王國，他要的是進步與繁榮，而不是革命。但他也因此被革命份子排擠，他們只想拿起槍桿對抗奧地利政權。瑟切尼後來被迫退出政壇，離開了他位於納吉森科的宮殿，後來更住進了「瘋人院」——他自稱那裡是「瘋人院」。他生前最後的日記不但文情並茂，還充滿戲謔與自嘲：「人生在世，不是當打人的鐵錘，就是當被打的鐵砧。而我只是後者……。」

當我閱讀外曾曾祖父在「瘋人院」裡所寫的日記時，不難發現：他自始至終都相信，政治上的失利乃是他道德上的空前勝利。只可惜，歷史學家一直到他死後，才肯承認這個事實。後來，他被奉為匈牙利的民族英雄，甚至還被賦予某種神話色彩。他所成就的形象，絕非一度在政治上打敗他的科蘇特所能迄及。

敢玩也輸得起的英國佬

和匈牙利人淵源最深、血緣最親的非英國人莫屬。英國人跟匈牙利人一樣，都覺得自己的國家是世界的中心。英國人總認為，非來自大英群島的人不是野蠻人就是半野蠻人——他們這麼認定，其實也沒什麼惡意。而且他們還覺得，跟野蠻人打交道應該盡量友善，有機會的話還應該教化他們，但必要時還是要用點「強制」手段。他們這麼做絕不是因為傲慢喔！只是覺得反正風水輪流轉，人有飛黃騰達，自會有窮途潦倒時。

研究大英帝國從世界強權一路沒落到今天這副模樣的論文，真是汗牛充棟、無法罄數啊！但有關英國人為什麼如此有自信，能一路走來始終如一，貧賤不能移，這方面的研究就相當欠缺了。難道他們跟匈牙利人一樣，都具有極高的「玩世不恭」的天分？敢玩的人，當然就輸得起！而且他們還懂得等待：總有輪到老子翻本的時候。

匈牙利有則笑話一針見血地指出了匈牙利人的世界觀——當然也是英國人的世界觀：某天，有個匈牙利人想買一顆地球儀。他去到店家，老闆拿了一顆地球儀給他看，他看了半天，問道：「匈牙利在哪裡呀？」老闆找了半天終於找出芝麻點大的匈牙利，並用小指頭輕輕地指給他看。於是這個人就說：「我不要這顆地球儀。我要一顆上頭只有匈牙利的地球儀。」

其實在十九世紀後半，大英帝國就已現出沒落的端倪了。大約在一九〇〇年左右，這個曾經是全球最強盛富裕的國家開始真正走下坡；不過英國人並沒有自覺。他們超強的自信心和一流的自我催眠術，讓他們根本無法看清自己的處境。

英國上流社會失去經濟優勢的過程，值得大家警惕。根據史書記載，英國貴族的沒落始於一八三二年偉大的法律改革，這條法律徹底終結了英國貴族的政治優勢。五十年後，歐洲的農業經濟又發生危機，並導致既有的經濟結構徹底崩潰。追究原因，一方面當然是因為工業興起，導致傳統農業受到嚴重威脅，另一方面則是從殖民地大量進口的廉價農產品，嚴重衝擊到本土農業的生存空間。雪上加霜的是，一八九四年英國通過了遺產稅法，這條法律迫使繼承者必須一代代地變賣家產以繳交龐大的遺產稅。如果一代代繳稅沒有讓他們繳到破產，那麼，一九二九年的全球經濟大蕭條也該讓他們賠光了！

一九四六年的印度獨立更是徹底終結了英國貴族的財富優勢。這下子，連想去殖民地撈肥缺或淘金的機會都沒啦！

不過有趣的是，這些上流社會的紳士淑女對環境變化反應遲鈍，不懂得採取應變措施，以長期的眼光來看（這當然包括了投資眼光），下場竟然奇佳。十九世紀末，第一批察覺情勢不對的貴族，機伶地以賤價拋售了手中的土地，甚至為了區區幾百英鎊，就願意把家傳的魯本斯或范戴克名畫割愛出去。相較於此，那些對危機反應遲鈍的貴族，反而保住了自己的莊園，並在二十世紀經濟起飛時，因全面性的經濟繁榮，土地價格飆漲、藝術品價格上揚，而得以重新鞏固財富，並挽救了自己沒落的噩運。比方說，德貝伯爵就整整忍了二十年，才在一九六四年以十七萬英鎊的代價賣掉他的林布蘭名畫《伯沙撒的盛宴》，大概相當於今天的五十萬歐元。德豐希爾公爵等得更久，七〇年代才把他手中的林布蘭拿出來賣，而且還創下了前所未有的天價——真不枉他守了這麼多年！

至於那批快速陷入恐慌的貴族，到了二十世紀早就沒有東西可賣了，並且大多淪為普通的上班族。英國貴族不只在銀行及拍賣場工作，他們也當司機、開巴士，譬如德維歐勛爵。另外，像包勒子爵和布列佛特勛爵，他們不在上議院審理法案，就是在餐廳裡端啤酒。此外比較知名的還有夏普男爵夫人在鄉下開酒吧，黛安娜王妃結婚前則是幼兒園老師。

曾經顯赫一時的貴族們，其後裔無論後來淪落為開巴士的司機或是端啤酒的侍者，都有個共同特點：他們對自己的平民工作，或者說無產階級勞動，不但絲毫不以為意，還充滿了熱忱。他們根本不在乎賺錢多寡，或許是因為他們從小就被教導「金錢不重要」的觀念——這種對金錢的藐視，是種非常健康的生活態度。

對沒落、貧窮越有經驗的家族，越懂得如何調適自己、面對困境；生長在這種家庭的孩子，縱使後來變得一貧如洗，也有辦法讓自己甘之如飴。相反的，像埃及的法魯克國王，既不熟悉掌權又不習慣失去，這種貴族就沒辦法化悲憤為力量了。流亡海外後，法魯克國王把他從埃及帶來的財富，幾乎全奉獻在賭桌上。他的姊姊法蒂亞公主則去了美國，並且很不甘心地成了打掃的清潔婦，後來還嫁給一個小職員，最悲慘的是，她竟然在洛杉磯的汽車旅館裡被自己的丈夫射殺。

熟知愛爾蘭數百年來興衰史的金塞爾勛爵就剛好相反，他把自己調適得非常好。他的家族從克倫威爾時代就開始沒落了，所以，叫他穿著到處是補丁的夾克一點也不難為情。金塞爾勛爵認為，亨利七世是導致他家族沒落的罪魁禍首，因為他發動了一場「無聊的戰爭」。如今他住在鄉村的一間小平房裡，據說那座小鄉村從前是他祖先的屬地。他在當地很受愛戴，是個人人尊敬的老先生，每次大家見到他，總不忘尊稱他一聲「爵士」。當地酒館每次水管不通，老闆就會打電話給金塞爾；咱們這位爵士最喜歡幫人修東西了——你只須請他喝杯免費啤酒。

金塞爾勛爵全身上下，不論衣服或鞋子，都已經舊到早該淘汰了。唯一一件比較能看的夾克，只有在進城吃飯或參加宴會時才捨得穿。某次他被問到，他覺不覺得自己身為貴族是一種優勢，即便是個沒落的窮貴族。他回答得真妙，這種上乘幽默感與自嘲能力大概只有英國人才有：「是啊，當然是！比方說，如果我在晚宴上放了一個響屁，大家一定會覺得我這個人不拘小節，甚至會覺得挺有趣。如果是另一個人放了屁，大家一定會覺得那個人沒水準、沒教養。」

跟自己扮家家酒

我所認識的英國貴族裡，即便已經變窮了，大部分人還是會請時薪傭在家裡幫忙。有時候，到處打工的傭人每月賺的錢甚至比雇主還多。至於那些真是窮到負擔不起傭人的貴族，他們就會乾脆來個「視而不見」：不管屋內情況多糟，他們都會當作「已經整理過啦！」要拜訪他們之前，最好先做好心理準備，他家的灰塵可能會厚得驚人，而且廚房裡還有一堆活像囤積好幾世代忘記洗的髒碗盤。

不過，當然也有樂於維護環境，願意每週親自打掃房子的沒落貴族。他們會捲起衣袖，套上膠鞋，跟自己玩「扮家家酒」。不過，這次他們要扮演的角色是僕人——但別忘了，只是「想像的」喔！他們可都是很敬業的演員，瞧他們玩得多認真啊！

說到扮演，我有個朋友堪稱是這方面的「頂尖大師」。隨著皇家保險公司倒閉，他的所有積蓄也泡湯了，太太還跟一個非常有錢的鄉下貴族跑了。有一天，我這個朋友突然決定要戰勝自己的命運，於是把自己「假裝成」是自己的僕人。他開始自己幫自己擦鞋子，而且還擦得亮晶晶的，自己跑到巷口轉角的商店為自己買香菸。

他用的信紙一直都還是倫敦老牌精品文具店史密德森訂做的個人專用信紙，小小的公寓永遠都打掃得乾乾淨淨，衣服永遠熨得整整齊齊——雖然這些衣服的年紀甚至比他還老。但在他那張祖傳好幾代的古董書桌上，擱著一疊瓦斯公司的催繳單，上面寫著：請速繳費，否則將停掉瓦斯及暖氣。最近他連電話也被斷線了。除了這些無事惹心煩的小災難外，他還是一貫維持他上流社會的尊貴生活。跟從前相比，他的生活品味並無二致，只不過最近他的現金卡被停用了。但這也不是什麼壞事啊，跟那些還在用現金卡的人比起來，他的處境還算比較有利呢！

英國社會有項優點：雖然他們的社會階級劃分得非常清楚，但是階級之間卻可以互相交流、彼此滲透——而且關鍵並不在「錢」。真正起作用的關鍵因素是「行為」和「語言」，而這兩樣東西可以學習而得。英國首相柴契爾夫人年輕時，口音跟她後來進入保守黨後完全不同。下階層的工人如果想晉升為市民階級，可以從仿效那些人的生活風格及品味著手，比方說，不要去一般的賭場，改去有騎士競賽的賭場。如果你已經是市民階級了，想要打入上流社會，同樣可以從仿效上流社會的生活方式、語言和行為舉止著手，不要再去騎士競賽場，直接到正規的賽馬場去。

或者，讓我再換個方式來形容：其實，英國人是個「愛當主人」的民族；他們喜歡當主人，不過跟德國人的意思不一樣。德國人所謂的「主人」是「當別人的主人」、「控制別人」。但匈牙利人、英國人所講的「主人」是做自己的主人「把自己管理好」，而且還具有「做自己王國之主人」的意思，但這個王國並不是什麼實際存在的王國，而是他們自己幻想出來的。

匈牙利人和英國人之所以具有那麼強烈的「國家優越感」，並不是因為他們太驕傲，而是因為這份優越感能夠讓他們在不如意時，想到自己是某個優秀團體的一份子而稍感寬慰。凱文是我在倫敦時的室友，有一次他成功阻止了一個厭世者從泰晤士河的貝特希橋上跳下去。他說服那個自殺者的有力論證就是：「身為英國人，你應該感到驕傲！」相同的情況，如果你跟一個德國人說：「身為一個德國人……」話還沒講完，他已經義無反顧跳下去了。或許英國佬一向推崇的「自我尊重」概念，真的是幫助他們度過難關的秘密武器。

上流社會求生術

若要論誰是最能體現英國精神之人，那麼除了查爾斯．班森（Charles Benson）肯定是不二人選。雖然他來自一個卑微的小家庭，但後來竟成了倫敦社交圈不可或缺的靈魂人物。據「官方」說法，他是倫敦《每日快報》特派記者，專門報導賽馬——不過好像從來沒有人在報社見過他。他不是在阿斯寇特或埃普森的賽馬場裡觀戰，就是在他那些有錢朋友的豪宅裡享受。和班森私交甚篤的名人包括：航空大亨阿迦．汗王子、英國著名的馬主和育馬大亨羅伯特．桑斯德、億萬富翁吉米．高德史密斯、希臘的網球名將塔奇，以及賽車好手葛拉漢．希爾。

班森過世後，塔奇在他為《觀察家週刊》所撰寫的專欄裡回憶道：「查爾斯沒有一天離得開『賭』，他早就把自己賭得身無分文了。縱使如此，我們這群人當中卻沒有任何人比他過得更富有。是他為我引薦英國風俗的（比方說，賽馬、到鄉間的豪華農莊或賭場去度週末），為了回報他的盛情，我也介紹給他不少歐洲大陸盛行的娛樂（比方說，妓院、地中海的遊艇之旅，當然還有知名的賭場）。」

班森就像一塊磁鐵，不管走到哪裡，大家都會深受他吸引。班森雖然嗜賭成性，但賭場老闆約翰．阿斯皮納卻樂於贊助他；不僅因為他的出現能為大家帶來歡樂，還因為班森能為賭場招來「一大群肥羊」；當他走出安娜貝爾夜總會時，總能吸引一大堆愛慕者跟著他一路到阿斯皮納的賭場去。

如果說班森有什麼財富，那真是個笑話，他既沒有顯赫的家世，自己又不會賺錢，但他卻是當時倫敦社交圈裡的風雲人物。隨著季節變化，他一年總固定有三次旅行：聖誕節後跟著桑斯德到加勒比海的巴貝多度長假，把晦澀的倫敦一月天拋諸腦後；夏天則搭上阿迦．汗的豪華遊艇，出海幾星期——這可是他一展長才的好機會，他會像上緊發條的時鐘一樣，二十四小時不斷找話題娛樂大家——當然右手還要優雅地端著一杯香檳。接著再跟桑斯德一起飛去澳洲，因為英國賽馬季節結束後，澳洲的賽馬季剛好進入高潮，墨爾本盃舉行在即。除了這些固定的行程外，平常還會有一大堆上了年紀的富婆，等著邀約他去佛羅里達或巴哈馬度假呢！每晚，他只消到雞尾酒吧繞上一圈，為在場佳賓提供娛樂，就會有欣賞他的富婆自動送上門來。據說他這輩子從沒有自己付過機票錢，卻永遠都坐頭等艙，而且還非「1A」的位置不坐！「1A」因此成了他的外號。

或許這就是英國社會的獨到之處：在這裡，每個人都有機會成為高高在上的「紳士」、「淑女」。正因為英國的「階級社會」具有如此獨到之「滲透性」，階級之間的界限才得以維持得涇渭分明。你也想當個高貴的「紳士」嗎？只要舉止像個「紳士」就行啦！在英國就是這麼簡單。

我的俄國親戚

從前上流社會的風情萬種，如今已難得一見，因為那些聚會場所如今都被新崛起的俄國暴發戶給占據了。那些沒有品味的暴發戶根本不知道要怎麼善待像瑞士聖摩里茲這樣高雅的場所。是啊，如今「富有」的同義詞就是「庸俗」。讓「富有」變得這麼聲名狼藉的，就是那批新崛起的俄國富翁。他們不但擺脫不了自己庸俗的出身，還把「沒品味」發揚光大到前所未有的新境界。

蘇俄某個身價上億的獨裁者曾因拍過一張照片而聲名大噪；照片上他穿著睡袍和短褲，站在自己金碧輝煌的宮殿前。結果這張照片成了他貪污的最佳證據，蘇俄的菁英部隊把他從私人專機裡硬生生拖出來，直接送上了法庭。另一位在普丁上任前就先逃往倫敦的俄國獨裁者，則是在伊頓廣場旁買了一棟豪宅。某次，他邀來倫敦所有知名設計師，要他們幫他想辦法：怎麼樣才能讓風景優美的諾丁山從他眼前消失，他不要讓這座山遮擋了他的視線。

近年來，俄國富豪的大量外移對歐洲品味帶來災難性的影響。但是那批在一九一七年俄國解放後倉促逃離的貧窮貴族，卻對提升西歐人的品味與素養有卓越貢獻。在二〇年代，巴黎的藝文圈之所以能發光發熱，這批俄國菁英的加入居功厥偉。那段期間，巴黎真可謂臥虎藏龍，無論是計程車司機或餐廳侍者，都有可能是流亡在外的俄國貴族。這批貴族成了炙手可熱的管家人選或轎車司機。數百年來的嚴格訓練及涵養，讓他們成了最懂得如何伺候有錢人的專家。

原本享有特權，生活在物質過剩中的俄國貴族從雲端跌落後，逃到西方國家變得一無所有——他們的人生卻才剛開始要發光發熱。我記得，小時候有位遠房俄國親戚，我們喊他叔叔，他後來逃到巴黎當侍者。我曾經親耳聽他說過：如果沒有發生革命繼續留在聖彼得堡的話，生活絕不可能過得像現在這麼精彩。

另外還有一個不可不提的精彩人物，也就是我前面已經提到過的納博可夫。此人乃名門之後，後來流亡到柏林，有很長一段時間，他都得在浴室裡寫作，因為他租得起的公寓實在太小，臥室裡根本擺不下桌子。那段時間，雖然他常常連自己的下一頓飯在哪裡都不知道，但在他的詩歌、散文裡、他所編織出來的小說裡，一字一句都是快樂與幸福。「每當我沿著街道，穿過廣場，去運河散步，」他寫道：「透過鞋底破洞我可以清楚地感受到，濕潤的氣息正在我周身擴散。啊！濕潤如唇印——我感覺好驕傲，還有一股無以名之的快樂。」這種快樂甚至讓他想寫一本「教你如何快樂」的應用手冊。

納博可夫後來因為小說《羅莉塔》暢銷而名利雙收。他雖然感嘆熬了這麼多年才熬出了頭，但也不得不感激早年那些困頓的經驗，是這些經驗提供他源源不絕的靈感，以及用之不盡的題材。他在早期的作品中曾提到，他有多瞧不起那些放不下過去榮華富貴、鎮日怨天尤人的貴族們。

不好的例子當然有，但好的例子卻更多：許多流亡異鄉的貴族們，不但優雅地面對了自己的「沒落」，甚至還成就典範，讓世人見識到，什麼才叫真正的「尊榮」。沙皇尼可拉斯二世的妹妹森妮亞女公爵流亡到英國後，住在溫莎公園旁的一棟小房子裡——這是她表哥喬治國王跟瑪莉皇后借給她住的。女公爵的言行舉止永遠透露著謙遜、溫和及客氣，並且維持在俄國時的習慣：伸出手背讓僕人們親吻。有時候瑪莉皇后會邀女公爵進宮喝下午茶。一次，皇后興高采烈地向她展示一個剛剛買到的法貝熱珠寶瓶[12]。雖然女公爵知道珠寶瓶上的大寫字母「K」代表什麼意思，卻不打算講出來。她當然知道是什麼意思，因為她的俄文名字開頭就是字母「K」。這只珠寶瓶是她生第一個孩子時，丈夫送給她的紀念品。女公爵不願意讓皇后察覺，於是謊稱「K」很有可能是代表「克利斯多夫」。她寧願自己暗自傷心，也不願意說出真正的典故。那會讓皇后多麼尷尬啊！單是這個理由，就讓她難以啟齒：陷一個皇后於尷尬之境是多麼失禮的事！

我的外祖母瑪雅．加立卿女侯爵和她的姊妹，都和森妮亞女公爵私交甚篤，而她們也像森妮亞女公爵一樣天賦異稟，很懂得如何面對失去及一無所有。她們從小住在離聖彼得堡不遠的馬里諾宮，這是她們曾祖母蘇菲．史陀岡諾命人於十九世紀建造的。冬天她們會到諾格若附近的行宮去。大家離開時，總會留下一個老管家看守馬里諾。他最主要的任務是維持整個皇宮的溫暖，不要讓天寒地凍危害這棟建築。但是外曾祖父保羅·加立卿的財務總管卻一再提醒外曾祖父：這個老管家的記性越來越差了，把這麼重要的事情交付他一個人負責實在太危險。外曾祖父總是不以為意，當然也就沒有撤換他的職務。結果有一天，該發生的事情真的發生了：皇宮失火了。有根煙囪塞住，於是壁爐裡的火苗迅速延燒開來，火勢一發不可收拾。火災後雖有整修，卻只能勉強湊合著住。

看到這裡，讀者或許要說：活該，他是自作自受！但外曾祖父似乎就真的少了這麼一根筋，這類「蠢事」正是他的典型作風，簡直不勝枚舉！不過，蠢歸蠢，其實也有其正面意義和效用！

外曾祖父跟外曾祖母原本結婚多年都生不出孩子，後來好不容易有外祖母的大姊出世，喜獲麟兒的外曾祖父感激上天恩賜，便在「他的村子」裡蓋了一間小醫院。醫院裡有三個護士，醫生則是每個禮拜來看診一次——當時在鄉下能有這樣的醫療設施和資源

12 法貝熱（Fabergé）是俄國著名金匠、珠寶首飾工匠、工藝美術設計家，並且是俄國皇家復活節彩蛋創始人。

簡直是轟動一時。在有這間醫院之前，所有需要看醫生的人都會去找外曾祖父。他大多會竭盡所能解決病人的問題，如果真不行，他就會命馬車把病人載進城裡就醫。

一次大戰爆發後，俄國境內共產主義延燒得如火如荼。醫院裡有位護士開始四處散布對外曾祖父不利的挑動性言論，可惜沒有成功。她原是聖彼得堡人，受外曾祖父的賞識才得以在醫院工作。布爾什維克主義當時在城市裡雖然追隨者眾，但是在鄉下卻被眾人咒罵。他們也在外曾祖父的村子裡滋事，發起暴動，但很快就被平定了，為首的人也被吊死。剛才提到的那個護士則躲進外曾祖父家裡，對他跪地求饒並懇求外曾祖父救她。幾個禮拜前，她才當面詛咒他：「咱們走著瞧！總有一天我會看著你們全家人通通被吊死！」只要對人性稍有了解並有戒心的人都知道，像這種忘恩負義的傢伙該馬上繩之以法。可惜保羅．加立卿不是這種人。他不但給了她錢，還親自用馬車載她去火車站。坐火車離開後，這個女人再也沒有回來探望過外曾祖父。

外曾祖父真的很幸運，既無緣經歷革命，也無緣親眼看到貴族世界的沒落。他在大戰剛爆發時就去世了，死得其所，走得既安詳，也沒有悲傷與遺憾，葬禮也舉行得相當隆重。他的棺木由村裡五位壯漢一路抬著走了五十公里，抬到馬里諾宮，安葬在他最鍾愛的公園裡。

我的外曾祖父一輩子都很蠢，因為他怎樣都改不了寬宏大量的缺點。現在有很多人迷信：死後若想有好報，在世間就要多做「傻事」，因為傻事其實是善事、好事。這樣的想法令人難以苟同，首先，真正愚蠢的行為不可能為你增添什麼光彩。其次，外曾祖父的愚蠢，帶給他的是名符其實的「現世報」：他的太太和小孩在他的庇蔭下，全都逃過共產革命的浩劫，並且存活下來。雖歷經千辛萬苦，卻成功地翻越了高加索山，並從那裡逃往君士坦丁堡。外祖母的姊妹中，後來有一個人去了倫敦，其餘的去了紐約。我的外祖母則去了布達佩斯，並嫁給了巴靈特・瑟切尼伯爵。另外還有艾嘉姨媽，我對她的印象特別深——她去了薩爾斯堡。我還記得，她在她那間狹小的單人房公寓裡，用缺了角的舊茶杯邊幫我倒茶，邊為我細數生活點滴。她房裡堆滿了雜物：信件、照片、相框、書籍。但這些雜物卻製造出一種氛圍，一種讓人彷彿置身於某行宮沙龍裡的美妙幻覺。她渾身散發著一種無以名狀的「高貴」，這是曾經失去一切卻覺得無所謂的人，才能擁有的高貴。

總而言之，外曾祖父真是個既失敗又愚蠢的人，以現代功利主義的標準來看更是如此。他好像天生就有一種免疫力，任何物質誘惑都無法叫他眷戀。我那艾嘉姨媽更是俱得真傳，套句心理學家佛洛姆的話：她對財物毫無依戀，簡直到了「無欲無求」的地步。其實她已經贏得人生最大的財富了，她所贏得的是一種「利慾薰心者」一輩子都不會懂，也無法一窺究竟的財富。

第二部

幸福乃態度問題

在我們向窮人英雄學習的事情中，有一件特別棒，那就是他們面對「成功與失敗」的態度。在面對失敗時，他們總顯得特別豁達，懂得維持自己一貫的態度。也就是說，這種人通常擁有一種特質：縱使身陷危機，也知道如何掌握對自己的「主導權」。他們似乎天生有一種不為所動、遺世而孤立的「尊榮特質」，而且還能視危機為轉機。

幸與不幸其實很難分辨，最令人討厭的是：乍看之下的天大不幸，卻可能是真正的幸福；乍看之下不可多得的幸運，卻可能是恐怖災難的肇因。所以，幸或不幸，千萬別太快下定論。不過當然也有很快就能下定論的啦，比方說伊利諾州那個「幸運」的三十七歲廚師：贏得樂透彩三百六十萬美金，不到幾天就心臟病發，一命嗚呼了，據說是因為受不了得獎的壓力！另一位曾在德國被大肆報導過的「樂透先生」，也在贏得三百九十萬馬克樂透彩之後，從只喝得起廉價啤酒的失業貧民，搖身變成穿金戴銀、皮草加身的大富豪。夜夜笙歌，酒色財氣的結果是，五年後他掛了。所以，事情的結果可能跟我們想像的剛好相反：我們認為幸運的事，可能是導致災難降臨的最大原因。王爾德說得好：「如果上帝要懲罰一個人，就是傾聽他的願望。」

其實，若進一步詳究，我們甚至可以說（雖然這麼說有點矛盾），失敗（逆境）中暗藏著成功的玄機。就好比，如果納博可夫沒有流亡海外，沒有失去所有財產，他終其一生就只能當個有錢的蝴蝶標本收藏家和庸俗的二流詩人。但何其幸運啊！他竟失去了一切！對身為讀者的我們而言，這是一種幸運，對他個人而言何嘗不是？偉大的成功和殘酷的失敗，往往是一體兩面，最後結果常叫人捏把冷汗。但更令人莞爾的是，失去、失敗這些與「不幸」畫上等號的同義詞，卻常常是造就空前勝利的先決條件。

那些喜歡人云亦云、隨波逐流、追求庸俗幸福的人，最後追求到的保證是不幸。其實，真正的貧窮，不在於缺乏有形的東西，而在於「追求完美」。舉凡健康、美貌、財富，無論什麼，只要你「求全」，一味想登峰造極、追求極致，那麼，你永遠只能處在不滿的情緒中。唯有懂得欣賞生命的「凹凸不平」，懂得如何優雅地在逆境中自處，這種人才有機會一窺幸福之堂奧。

簡單的說，要富有只有兩種可能性。其一：拚命工作，等賺夠了錢就可以實現自己的願望。也就是說，你先得把自己累得像條牛，過程間只能在休息時，偷偷幻想一下自己原本負擔不起的奢侈品。等到存夠了錢，買下自己想要的東西，再「終於」發現——原來得到它並不會讓你比較快樂。其二：改變你的願望。

如果，你希望在接下來的章節中讀到的是一本能一步步教導你，如何在最後關頭贏得勝利、贏得快樂、贏得財富、贏得功成名就的教戰手冊，那麼很抱歉，你要大失所望了。接下來的內容其實只在引導你，如何檢視自己心中的願望。這些願望大多是充斥在我們身邊的消費工業不斷對我們洗腦的結果：我們不斷被告知，這些願望對我們有多重要，多麼值得我們去追求。但事實上，它們大多只會為我們帶來負擔，讓我們變得面目可憎，毫無品味。固守這些願望的人，現在我就可以斬釘截鐵地告訴你，你一輩子都不會覺得自己富有。相反的，那些勇於拒絕的人，反而有機會擁抱真實的富足。

要當個有格調的現代窮人，第一項原則就是：先把事情的重要性及優先順序想清楚！想想：是平常省吃儉用，什麼都捨不得花，然後一年一度耗費巨資到亞利坎塔1度假，在古堡裡不知節制地大吃大喝；還是輕裝便行，回到出生地，在熟悉的公園裡漫步，來趟尋幽之旅比較好，或就近找個海岸，舒適愜意地來趟心靈之旅？或是每個月傻傻地付錢，讓家裡堆滿沒看的報紙和電視週刊好——還是買本真正想讀的書來細細品味？

真正的奢侈不是在愛瑪仕或卡迪威百貨2買得到的，也不是郵購目錄上找得到的。真正的奢侈是：能不能很有主見地，拒絕那些不必要的誘惑。這些誘惑不但不能美化我們的人生，反而會損害它，讓它變得閉塞、愚蠢。如果想讓自己真正富有，就必須拿出勇氣，贏回人生的主導權；從現在開始，為自己創造真正的「享受」吧！不要再繼續耽溺在只會讓人更消沉、更喪志的盲目消費中。

真的！人真的能夠在沒錢，或者錢不多的情況下依然富有。關鍵就在於「生活品味」（lifestyle）。雖然消費工業長久以來所追求與推銷的也是所謂的品味——但在未來，一種充滿自主性的生活品味，將成為幫我們贏回生活品質的真正關鍵。

1 Alicante，位於西班牙東南部，臨地中海，為羅馬時代所建的都市，以盛產紅葡萄酒聞名。

2 KaDeWe，位於柏林，號稱是全世界最大的百貨公司，全名是Kaufhaus des Westens。

03 少點工作，多點人生！

錢有什麼用？你得為了錢拚命工作。

——愛爾蘭作家蕭伯納（George Bernard Shaw）

成為「非受雇者」的第一個禮拜，頂著這個新身分，日子過得——唉——很不一樣。我不喜歡用「沒工作」來形容失業，因為家裡的「工作」還真是很多！最快進入狀況的人是——我老婆。她完全不記得我還是個新聞從業人員，在她眼裡，我只是個長得粗壯、跟她操同樣語言（非外勞）、聽話、耐用的男幫傭。每當我參加聚會，被問到聚會的「必問題」：「您的職業是——？」我總偏好直接說：「失業！」我喜歡這麼回答，好像是為了懲罰那些愛問這個問題的人。有一次，我認真地統計了一下：不同身分的人要花多久時間才會提出這個「聚會必問題」。樸實、靠勞力賺錢或家教很好的人，通常交談幾分鐘或一陣子之後才會問到，或甚至不問。至於自由業者、律師或醫生則是一到兩分鐘之後。廣告業者或媒體人最沒耐性，頂多三十秒，一定馬上切入正題。

其實，問別人職業不但勢利，還顯得過時。因為，用工作定義一個人的時代早就過去了。為什麼過去了呢？因為越來越多人失業了。縱使還沒失業的人也開始覺悟到，生活的意義不該只在工作。其實，「工作」原本的意義是「懲罰」，懲罰在伊甸園中偷嘗禁果的夏娃：「妳必汗流滿面才得餬口，⋯⋯。」1後來經過馬丁・路德和喀爾文教派的改革，「工作」才變成生活中不可或缺的要素和道德要求。但工作本身從來都不是生命的內容，反而像是人們逃避生命本質的一種手段，反映出來的只是人們對生命本質的恐懼，亦即對空虛的恐懼：如果沒了工作，就沒了因工作而來的認同、尊重，以及地位。

有一種在現代經濟制度下備受推崇的看法是，那些「工作狂」雖然在生活上是個低能兒，但他們的工作表現的確叫人刮目相看：他們願意二十四小時日以繼夜待命，全天候為公司解決問題，完全用工作定義自己，將所有的精力投注在工作上。不過，這樣的看法已經過時了！全世界最頂尖的管理學院，無論是美國的哈佛或法國的歐洲商業管理學院（INSEAD）都告訴學生：這種員工只會為公司帶來不必要的成本風險，或製造風險。他們幾乎都是不定時炸彈，隨時可能虛脫、停擺，然後就報廢了。

今天因為網路問世，致使人們二十四小時都能工作，所有員工都配備了行動電話、黑莓機、筆記型電腦。在這樣一個時代裡，如果員工不知道要為自己預留一方淨土，一個可以安靜獨處，讓自己能溜進去沉澱、恢復、清醒的空間，如果不知道要給自己機會，去把塞滿的腦袋整理一番，或甚至完全跳脫開來，把注意力轉移到其他地方去——不知道要這麼做的人，無異於在戕害自己的健康與精力。站在經營者的角度，就是在降低其公司的生產力。另外，近年來也有許多研究機構指出，那些特別自負、自我期許特別高的人，通常比一般人更容易產生不滿和沮喪的情緒，更容易罹患憂鬱症。

但有趣的是，危害健康最大的其實不是工作本身，而是失去工作的「恐懼」。根據統計，那些長期規劃精簡人事、降低營運成本的公司，其員工的發病率最容易暴升。顯然，恐懼和壓力才是戕害活力與免疫系統的元凶。根據芬蘭的研究報告顯示，那些待在不斷裁員的企業裡的員工，其四年內罹患心肌梗塞的比率，是公司尚未執行精簡人事政策時的五倍。

1 節錄自《舊約．創世紀》第三章。

減壓特效藥

越來越多科學家在研究，到底什麼是「壓力」。它一直以來是個名詞，一個統稱人類的精神與身體負擔的概念，而且沒有藥物可以真正抑制它。我們無法把「壓力」簡單地等同於「壓力賀爾蒙」突然增加，比方說腎上腺皮質內泌素（或稱可體松）或腎上腺素的增加。我們老祖先把這些賀爾蒙當作一種身體本能的警訊系統。但問題是，以往這些賀爾蒙分泌，是為了應付突發的緊急狀況，但現代人卻因為長期處於緊張的工作狀態下，讓這些賀爾蒙變成持續性地微量分泌——無論是全神貫注的工作，電話鈴聲，或處在其他持續性的緊張狀態下——身體為了應付這些壓力，自然而然就會分泌這些賀爾蒙。情況就像一個人手裡握著一顆定時炸彈，雖然不需要立即引爆，但緊張不是，不緊張也不是，一顆心懸在那裡，會讓人長期處在精神耗弱、疲倦和沮喪的情緒中。

有越來越多的美國企業開始編列預算，幫助員工對抗壓力，甚至企圖把壓力——就像德國足球明星尤根・克林斯曼2所說——轉化成「正面能量」，跟壓力奮戰到底。加州有許多公司就規定所有員工每天集合一起做深呼吸和冥想練習一次。另外也有公司請來按摩師為員工按摩背部，按摩師會先後到他們的工作崗位上服務。雖然，對這些繃得像大閘蟹一像硬邦邦的員工而言，按摩確實能帶來一定的療效，但畢竟還是行事曆上的一件例行公事——唉，又多了一件事得做！所以，這種所謂能帶來正面能量的做法或治療，通常很難持久。

只有一帖藥方真正治得了壓力。跟這帖藥方一比，其他做法簡直就是江湖術士的騙人把戲。這帖藥方就是：改變觀念，從認知上著手。每個人都該開始反省自己的生活態度、習慣和工作信念，情況嚴重時，還應該藉助心理治療師來幫助我們建立正確的觀念。唯有如此，我們才能捍衛健康，不讓自己再受戕害。比方說我們該反省：把工作視為人生的全部，用工作來定義自己，這樣的人生真的比較有意義嗎？為了突顯自己的認真，總是留在辦公室裡，等到最後一個才肯走，這樣的行為真的能讓自己比較快樂嗎？

在報社工作時，我見過許多這種「熱血記者」，他們完全不需要私人生活，腦子裡只有工作，他們總說，報紙是他們的熱情，是他們的生命。但仔細觀察卻不難發現，這些自稱在工作中獲得人生最大幸福的頂尖好手，有不少人是非常悲傷的；骨子裡他們非常想念自己的私人生活，為眼前不斷飛逝的寶貴時光而感傷。

我有一個朋友就是這種熱血記者。當年，我受聘到柏林為某家八卦報社擔任採訪記

2 Jürgen Klinsmann，擔任二〇〇六年世足賽的德國隊國家教練。

者，他已經是那裡的新聞部總編輯了。每當我抬頭仰望他，他總是忙得不可開交，菸一根接著一根。不到三十歲，他就自己創業了，並成為一家頗具規模的日報老闆。雖然這麼年輕，在柏林卻擁有舉足輕重的地位和影響力；政治家想討好他，年長的同業都羨慕他。有個夏日早上醒來，他卻發現自己的上半身出了問題。根據他後來的描述：他覺得自己重得像塊花崗岩一樣，左邊手臂痛得椎心刺骨。診斷結果是心肌梗塞——他才三十三歲耶！

另外還有一個朋友，他的際遇可以說跟我剛好相反。我被裁員時，他剛好被拔擢為一家律師事務所的合夥人。他跟我一樣，已婚，有兩個小孩。聽說他現在每天工作不只十二小時，而是十六小時。週末還得看卷宗，三天兩頭就得飛去法蘭克福，因為他大部分的當事人都住那裡。於是，他自己也在法蘭克福買了間公寓，充當第二個家。他跟家人（或者說，只有他的家人，沒有他）從原來慕尼黑鄰近小鎮施瓦賓搬到慕尼黑南部，而且還買了一棟美輪美奐的花園洋房（據說是因為孩子需要活動空間）。他這麼忙，他的小孩恐怕得到青春期才有機會認識爸爸。至於他太太，如果哪天不小心在自己家裡撞見了老公，肯定要嚇一大跳。但無論如何，這家人一定不必為錢煩惱——不是嗎？

休閒和娛樂才是救贖之道

不過我得承認，掙錢真的蠻傷腦筋的，尤其是當你有小孩的時候。不過話說回來，如果能因此而獲得親近生活的機會，那麼，沒錢還是很值得——不像那些只知耕耘職場、為工作賣命的「老牛」，完全不知生活為何物。

至於我個人，身為自由記者——含蓄一點的說法是——收入比較不穩定，所以，要應付日常開銷，想養活一家人確實不容易，常常會捉襟見肘。但相較於過往，現在我不必被關在一間只有惡劣的空調空氣、舉目但見天花板的密閉空間裡。現在我只要把窗戶打開，隨時都會有新鮮空氣迎面而來。至於辦公室的距離嘛——嗯，其實只是餐桌到電腦之間的距離啦——端視當天的交通狀況，通常需要十到二十秒，從前我每天得花兩個小時呢！而且在離職後，我變得有好多時間可以工作了，真的，這是前所未有的。在報社工作時，我常常會把時間浪費在翻閱報紙這無聊行為上，或者和同事沒完沒了地瞎扯、閒聊，或爭辯，除此之外，中午還要來個不可不休的午休！但現在，我終於可以擺脫這些既浪費時間又耗費精神的無聊事！

「閱讀」是我工作中很重要的一部分。現在我再也不需要待在空氣渾濁的密閉空間裡閱讀了，如果天氣很好，我還可以到陽台去。當然啦，老婆大人不太容易能分辨出，我到底是正陷入苦思，還是被太陽曬得昏昏欲睡。為了不被干擾，我聰明地保留了我的工作室，它是我最後的避難所。而且，我還明確訂下規矩，只要我工作室門一關，誰都不准來吵我。無論是小孩、老婆、郵差、警察，甚至是德國總理，誰都不准來打擾我。切記！你一定要訂出規矩，否則真的什麼事都不必做了！（萊蒂蒂亞！拜託現在不要吵我！）嗯——我剛才說到哪裡了？

喔！對了！我認識一個事業非常成功的投資顧問，以前他在投資銀行上班，現在他自己開業。自從自己開業後，他也在家裡工作。（不行啦，我現在沒辦法念故事給妳聽，拜託拜託嘛，再讓我工作一下下就好！）這傢伙嚴格規定家人，當他把領結打起來，穿上外套時，任何人都不准去吵他，除非家裡真的發生了什麼大事。領結代表的意義是：「爸爸現在不希望被打擾。」（萊蒂蒂亞！拜託！現在真的不行，爸爸保證，等一下一定念故事書給妳聽。十分鐘後，等我把這段寫完，就快寫完了。乖，先去找媽咪！）嗯，我一定要試試他的辦法，打了領結肯定就沒人敢來吵我了。

在家工作的最大好處是，整天行程完全由自己決定，不由公司，也不由別人；我可以愛做什麼就做什麼，什麼時候想做，要怎麼做都由我自己決定，是吧，很奢侈吧！如果我實在沒興趣坐下來，但又覺得自己應該要好好工作，這時候我還有一個法寶，可以讓事情變得容易許多：把工作當遊戲。首先把那篇非改不可的枯躁文章拿出來——記得，千萬別跟自己說：「開始工作吧！」而是要跟自己說：「好好玩吧！看用這篇文章能玩出什麼把戲！」其實，只要你改變態度，用遊戲的眼光來看待這一切，自然而然就會比較容易進入狀況。

有趣的是：才在十年前，那些以人生導師自居的暢銷書作者總是鼓勵我們，要全心全意投入工作，在工作裡尋求自我認同。但今天，不過才十年後，他們卻又鼓吹工作只是求溫飽的手段，人生的意義必須從家庭和休閒活動中獲得。無論這些暢銷書的作者怎麼說，無論前者還是後者，其實都了無新意，一點也不吸引人。

如果一個人只是為了賺錢而工作，對這份工作一點熱情也沒有，他會快樂嗎？如果一個人對工作的投入程度就像宗教崇拜一樣，他會快樂嗎？兩者皆非。其實，**要從工作中獲得快樂的秘密就在：和工作維持一種「輕鬆」的關係，以玩遊戲的心態去面對。**如果你能夠把工作當作一種遊戲，你就會變得興致盎然、全神貫注。其實，人在玩遊戲的時候通常都很認真，並沒有把遊戲當作消磨時間的無聊活動。而且，遊戲結束後，大家也都會覺得精神飽滿、身心舒暢，並不會覺得虛脫、心慌。縱使輸了，也沒有人會在意，頂多再玩一次。

遊戲的天分和休閒的能力其實很像。在我們家，從小我們就被教導，休閒是很「神聖」的。因為從事休閒活動時，我們大多在做自己「真正喜歡」的事，這時候的我們最貼近自己。而且，許多偉大的發明也都是出於興趣，在從事休閒活動時才被發明出來。愛因斯坦的相對論是他在卡普特湖划船時忽然想通的；電燈泡是一個鐘錶師父在休閒時研究出來的；網路是幾個電腦迷為了好玩，突發奇想將電腦連結在一起產生出來的。奧地利作家伊剛・佛利德（Egon Friedell）在他的《現代文化史》中曾經提到：我們必須明白，人類許多偉大的發明都是出於遊戲般的探索精神，純粹出於興趣——也就是說，業餘的才做得出來。

我的拉丁文老師年紀很大，姓德意志，我們總稱他為德意志博士——他是個很妙的人，體罰時代的遺老，以前只要我們動詞變化寫錯了，他的拳頭就會狠狠地K上來，無論說什麼，最後一句話總要加上：「不是嗎？」他總說，這世上有兩件事最要不得：一是懶惰，一是自大。但是，對於我們這些落魄貴族而言，自大卻是自尊的同義詞，是我們最後僅有的東西。休閒活動則是他口中的「懶惰」；但我們認為，如果不懶惰，怎麼有時間從事那些深具意義又價值非凡的休閒活動呢？懶惰其實是休閒不可或缺的大前提。

慶幸的是，無論休閒或遊戲，打從娘胎開始，我似乎就是箇中好手，並且熱愛有加。數百年來，我家族的男性都很喜歡打獵和玩牌，並且在這上頭投資了不少人生。只不過，在八〇年代的德意志民主共和國裡，早就不時興貴族狩獵這回事了，唉，不合時宜的沒落貴族！不過，對我父親而言，所謂的打獵就是得在半夜睡眼惺忪地被挖起來，坐好久的車到親戚或朋友家的河邊去，埋伏在瀰漫著濃濃霧氣的灌木叢裡，三天後，全身杉樹味地提著一隻小喜鵲，面帶微笑，驕傲地回到眾人身邊。哈——打中一隻喜鵲的喜悅，猶如撂倒了一頭犀牛。

除了狩獵之外，我家族的男性有很長一段時間對其他休閒活動的評價都不高，直到橋牌出現。我們家是個大家族，聚會時，只要現場超過三人，不管是叔叔、舅舅、阿姨、嬸嬸、或是堂兄弟姊妹、表兄弟姊妹，反正只要有四個人能湊成一桌，就開始有人在發牌了。如果真的「三缺一」，連「重度殘障」都得披掛上陣——誰都不可以有藉口。比方說，歐宜樂姑媽因為眼皮神經嚴重退化，她的眼皮只能偶爾眨一下。玩牌時，她幾乎是全程閉著眼睛。偶爾眨那一下，就像是為了紀念此歷史性的一刻而拍照留念呢。父親也是，雖然患有嚴重的帕金森症，玩牌的熱忱卻可謂鞠躬盡瘁，甚至可說是「死而後已」。過世前，父親幾乎喪失了說話能力。有一次喬治叔叔來訪，父親跟他說，他想去「擺桌」，叔叔心想：這人肯定是要去花園透透氣，於是便領他去了花園。去到花園後，父親大發雷霆——原來，他不是要去「擺桌」，而是要去「牌桌」！

培養遊戲天分

長大後，我並不喜歡親戚族人熱衷於狩獵和打牌。我猜，這當中一定藏著玄機，裡面有我還沒有完全參透的深奧道理。不過有一點我倒是很確定：這些休閒活動的確能為我們帶來文化上的優勢。

一九二九年世界經濟大蕭條而失去所有財產的法國貴族蒙特摩倫希家族，其子孫有人後來淪為巴黎街頭的清道夫。巴黎社交圈流傳著許多有關他的奇聞軼事，不過主要都是說：他不但很快樂，而且還很慶幸自己可以在空氣清新的戶外工作。當中有一則故事，我個人覺得特別具啟發性：某次有人問他，「你的工作不過就是掃街，幹嘛那麼認真啊？」眾人心想，打掃漫無盡頭的街道，這種工作肯定既枯躁又辛苦。蒙特摩倫希卻充滿智慧，向對方娓娓道來他的「遊戲概念」：他總是先把街道分成好幾段，並且替它們編號，接著，他會把每一段路當作一次挑戰，並準備一次次克服階段性目標。這種做法既可有效提高他的工作興趣，還能讓他一再地聚精會神。

比起其他同事，蒙特摩倫希無疑過得快樂多了。匈牙利著名的心理學家米哈利・契克森特米哈利（Mihaly Csikszentmihalyi）曾提出一個「盈滿」概念。這個概念表示，如果一個人完全沉浸在他的活動中，時間就會像暫停了一樣，在這忘我的境界裡，人會覺得自己別無所求。這種令人沉浸在幸福之中的「盈滿」狀態，可能出現在工作裡，也可能出現在遊戲中，但在遊戲中尤其明顯。越會玩遊戲的人，越具有遊戲性格的人，工作時也越容易獲得快樂。

長久以來大家總認為，工作是一件很嚴肅，必須認真做的事。十九世紀末，這種推崇與美化「工作」的行為達到了最高點。美國經濟學家托斯坦．維伯倫（Thorstein Veblen），一位出生在美國的挪威後裔，就曾在其一八九九年發表的名著《有閒階級論》中，對貴族階級樂於享受休閒及娛樂之能力，極盡污衊與揶揄。如今，貴族階級沒落了，但我們卻清楚地意識到：休閒和娛樂可以帶給我們救贖，甚至是我們唯一保得住的東西。

多年前，戈巴契夫基金會曾在舊金山一家豪華飯店舉辦過一場「展望職場未來」的研討會，與會者不乏全球知名的經濟學家、政治家和企業領導人。會中所有專家，包括柴契爾夫人、美國社會評論家和暢銷書作者傑瑞米．雷夫金（Jeremy Rifkin），以及多位諾貝爾經濟獎得主一致認為：到了二十一世紀，企業大約只需要目前百分之二十的員工，就足以維持全球的經濟發展與繁榮了，「不需要更多的就業人口。」

其中一場公開座談會中，美國昇陽電腦的總經理約翰．凱吉（John Gage）甚至傲慢地說：「我們時常在做所需人才的調度。舉例來說，我們目前覺得印度的人才最好用。我們可以透過電腦聘用他們，他們也只需要透過電腦為我們工作。當我們不再需要他們的時候，可以很簡單地透過電腦將他們解雇。我們只要頂尖的一流人才。這樣的效率，可以讓公司的盈餘從十三年前最初的零，迅速攀升到超過六十億美元。」

坐在他旁邊的惠普科技創辦人之一——大衛・派克（David Parker）於是問道：「約翰，那你們公司真正需要的固定員工到底有幾個人？」

「六個，或許八個吧，如果公司少了這些人就會停擺。不過，我們完全不在乎他們住在地球上哪個角落。」

「那麼，你們公司現在連約聘人員在內，一共有多少人呢？」

「一萬六千個。這當中有極小部分的人，是因為考慮到必須合理化儲備人力才聘用的。」

伸張懶惰權

一五一六年，托馬斯・摩魯士（Thomas Morus）寫下世界名著《烏托邦》，甚至開創了一個全新的文學類型，研究它的著作可謂汗牛充棟。在這本書裡，摩魯士幻想著，或許有一天人類可以完全不必工作了。如今這個夢想幾乎成真，只可惜有點美中不足：

因為如今只有一小撮人有工作，他們可以規律地領到薪水，但也只有這一小撮人擁有金錢，能夠享受消費。猶太政治哲學家漢娜．鄂蘭（Hannah Arendt）在一九五八年完成的著作《人的條件》中，早就預見了今日的發展和結果，她說：「我們的未來將是個工作社會，這個社會將完全被工作所塞滿，也就是說，未來大家唯一懂得、會做的事，就是工作。有什麼比這更要命、更可怕的？」

所以在此我一定要大力鼓吹：各位！你一定要幫自己找到一種活動，一種非酬勞性、不具有任何工作性質的活動，你要透過這種活動，為自己建立起自我認同和自我肯定。這樣才不會在你丟了工作之後覺得空虛、無所適從，或者得拚命裝作什麼都沒有發生，什麼都沒有改變一樣。這樣也未免太辛苦、太難看了吧！每次，當我在午餐時間經過以前上班的地方，也就是腓特烈街電車站和菩提大道之間的鬧區，我總會看到一堆挺拔、體面的年輕人正趕著要去聚餐。他們匆忙的模樣，就好像還有一份繁忙的工作等著他們趕回去做。但真正的情況很可能是：這些都是他們裝出來的。吃完飯，他們根本就沒有辦公室可回了，只能摸摸鼻子，垂頭喪氣地回家去。

據說，單是柏林街頭就有超過萬名以上的失業記者。如果再加上那些在新泡沫經濟破滅前，也就是新聞界吹起裁員風前一年就被裁掉的人，還有那些在相關產業（比方說廣告業、私人工作室等）被犧牲掉的可憐蟲，那麼，失業文人還真是不少啊！柏林終於有機會再度成為名仕風範洋溢、放蕩不羈的文人重鎮了！但是可惜呀，我在咖啡店裡見到的不是不修邊幅、興致盎然、高談闊論著偉大夢想的落難文人，而是一堆心情惡劣、滿腹牢騷、憂鬱得讓人受不了的新聞記者。他們一再抱怨自己的處境，正想盡辦法為自己申請藝術家失業救濟金和退稅，並且還忙著填寫表格，讓自己具有自由業者的身分。唉，看他們這麼忙碌，哪有時間當個不修邊幅的騷人墨客哩！

我以前有個同事，後來跳槽到別家報社。最近那家報社也倒了，但我那個同事卻還是一副忙得不可開交的模樣。每天下午，他都會到中央行政區流連；只要有記者會，就一定見得到他優雅的身影。記者會結束後通常會有點心招待，如此一來他連午餐也省了。會中只要有人趨前問候，他總會一再強調，他現在手上的案子多到忙都忙不完。有時打開電視，看到記者會的實況轉播：只見他置身記者群中振筆疾書——筆記做得還真起勁咧！

這種大費周章，不厭其煩做足表面功夫的人，通常都認定：唯有工作，才能讓他獲得社會認同。其實，從古希臘羅馬時代開始一直到宗教改革前，所有知書達理的人，都把「工作」視為阻礙我們認識生命本質的低級活動。工作的意義和目的只在於：之後才能享受休閒。所以，讓我們回到從前吧！工作只不過是不得不然的負擔，絕非什麼神聖的人生目標。或許我們的收入將因此而銳減，但我們的人生卻會因此而富有。

我們應該提醒自己，「工作」在過去的歷史中並不是什麼值得推崇的事。真正值得推崇的是：熱心助人、行醫救人、作育英才、保護人民等。從前，「工作」只不過是為了養家餬口不得不然的活動，不然就是那些視錢如命、愛慕虛榮者，才會汲汲營營追求的目標。其實，一直到宗教改革之後，「工作」才在人類歷史上獲得某種道德上的認同和價值。這都要怪馬丁．路德，是他犯下的重大錯誤，他竟然把「工作」等同於「職業」，視兩者為同義詞。

長久以來，其實有很多人拒絕接受這種新的價值觀與工作倫理。只不過時間久了，大家就漸漸認命了。尤有勝者，近代馬克思與恩格斯竟提出了「工作權」乃基本人權的理論，除此之外在德國大選時，「工作權」更成了各政黨一定會論述的政策重點。近年來，「工作」與「獲得工作的權利」幾乎成了歐洲人最重要的訴求。有趣的是，馬克思的女婿保羅．拉法格（Paul Lafargue）似乎有意和老丈人一別苗頭，一八八〇年他竟然出了本書名為《懶惰權》來提倡。此舉當然令老丈人非常不悅。這本書並沒有引起多大的迴響，真可惜，又只是歷史上一個毫不起眼的小註腳。

04 我的家，就是我的城堡

空無一物的房間是如今最奢侈的房間。
——德國作家漢斯．馬格努斯．恩成斯貝格（Hans Magnus Enzensberger）

「我的家，就是我的城堡」，這句話經常被引用，但其意義卻很少有人去詳究。就某方面來講，這句話代表的是一種「碉堡性格」，這種性格的人相信，只要在家裡，他就是最安全的，而且還對自己的家充滿驕傲。英國人認為，「家」是個獨一無二的字眼，他們尊崇自己的家為小小的王國，只要在家裡，就是至高無上的君王。我認識的所有英國人都有一種驚人的能力：他們都能同時把自己的窩當成固若金湯的碉堡，又能當作最富麗堂皇的皇宮。

過去位於郊外，如今已被併為市中心的倫敦住宅區，那裡有許多整排獨棟的房屋，這些房屋大多是縮小版的十九世紀宮殿。當時地主或企業家很流行幫他們的員工蓋社區，這些社區無論在格局或建築外貌上，幾乎都跟主人的宮殿一模一樣：每間房子都有自己的小花園（房子後面的那一塊小綠地），有客廳，客人來了也不必擠在廚房的爐灶旁聊天，英國人稱客廳為drawing room，或許是因為，當你不想哈拉時就可以抽身走人——照英文的說法是「告退」（to withdraw）。客廳裡通常設有一組壁爐，跟主人的宮殿一模一樣。蓋這種社區，主要是為了讓員工們脫離陰暗的地窖生活或後院人生；提升老百姓的自信、品味與生活條件，乃維多利亞時代很普遍的意識形態。

一百多年後的今天，幾乎每個人都有能力把自己的家布置得稍具水準，而這種水準在一百年前，只有一小撮特權份子才辦得到。無論你的房子有多小，你都可以把它視為一座宮殿。如果你覺得要這樣想真的很困難，那麼，至少可以把它想像成是一棟大飯店裡的大坪數套房。任何一間再小的公寓，其實都比當今豪華飯店裡的精緻小套房大上許多。如果你覺得住在一間兩房小公寓裡實在很哀怨，那麼不妨想像自己是住在一間豪華飯店裡的整組套房內。在這全球飯店皆講求標準化、格式化的時代裡，要找到像你這種附廚房的高級套房可是很難的唷！而且你還有專屬的SPA呢——其實就是你的浴室啦。這樣想像真的很管用！

在于斯曼（Joris-Karl Huysmans）一八八四年的小說《逆向》中（王爾德曾在《格雷的畫像》裡稱于斯曼這部作品為充滿神秘感的「黃色小說」），曾經非常精彩地描述過，如何運用自己的創造力與想像力，把浴室氣氛營造得猶如置身地中海。「首先，要在浴盆的水裡灑入鹽巴，加上芒硝、氯酸鎂和石灰，從緊鎖的鐵盒子裡抽出一團已經發霉的繩子，也可以用在所有大型繩索店裡都買得到的舊繩子，但切記，要從店裡的儲藏室或地窖裡拿出來的才行，因為那裡才會有海水或碼頭的氣味，然後，請拿著這捆繩子，深深地吸一口氣……」

品味的頭號敵人

再小的空間都能變成令人讚賞的聖地。在曼哈頓，一個所得超過一般水準的單身漢如果能住在面積超過九坪的公寓裡，就是件很奢侈的事了。（但是根據德國的社會福利法，一個失業的單身漢有權要求政府幫他支付十三．六坪大小的公寓房租。）即便是這麼小的公寓，也可以布置得比一間坪數驚人、卻毫無品味可言的頂樓豪宅迷人——不過大前提是，你一定要放棄某些「舒適概念」：比方說舒適柔軟的沙發或靠墊，因為真正有品味的人會讓一張張椅子直接靠牆而立；或比方說舒適的地毯，但真正有品味的人喜歡直接看到地板，縱使它並非原木地板而是塑膠地板。追求舒適的人喜歡把家裡擺滿東西，但真正有品味的人卻會把多餘的東西拿掉。其實，所謂的舒適就是把家裡弄得擁擠不堪，而真正的品味卻是要處處留白。

品味的頭號敵人是害怕冷清，出於害怕冷清，使得許多人把房子的每個角落都塞得滿滿的：每一吋地板都要鋪上地毯，每一吋空間都要充分利用。不過最恐怖的還在於：屋主相信，雖然自己沒什麼品味，但只要透過「名家設計」的家具和新式科技產品，就能讓房子蓬蓽生輝。這種豪宅有個特色，你一進去就可以聞到一股濃濃的皮革味——不用說也知道是來自那套訂製的藝術沙發。玄關處掛得太高的畫框是米羅名畫的印刷複製品。客廳裡有個超大的電視螢幕，簡直就想把客廳搞成室內祭壇。再恐怖一點的話，還可能有一、兩張凱特．哈林（Keith Haring）充滿童趣的塗鴉藝術海報，或攝影大師根特．薩克斯（Gunter Sachs）的某件名作，或是麗池飯店的風景圖片——「這可是我專程從紐約帶回來的喲！」

不過品味最駭人的頭號大敵向來是金錢——此乃根據我和家人的親身經驗，真的，絕對沒錯！幾百年來持續的沒落，讓我和族人深深受惠於沒落帶來的好處與優勢。從前，對皇室的後代而言，把上一代的裝潢風格全數換掉，幾乎是皇宮裡的慣例。於是只要有新主人登基，再美的壁畫都要被塗掉，再精緻的小桌子都要被拿出去丟掉，無數鬼斧神工的巴洛克家具被醜陋的古董垃圾所取代。其實，有錢人流行買舊家具的風氣才形成沒多久。大約一百年前，大家還爭先恐後地要把家裡的舊東西丟掉呢。

我的家族很慶幸，在眾人品味不斷下降的同時，口袋裡已經沒什麼錢了，所以也就不可能跟著大家一窩蜂地追逐流行。我們用的都是十八世紀初製作的古董家具，現在也還在用，因為我們沒錢買那些醜陋到令人無法忍受的新式家具。有項屢證不爽的事實：財政困境經常是一個人的文化優勢。慕尼黑著名的聖母教堂之所以能保住其深具特色的洋蔥型圓頂，就是因為十六世紀慕尼黑財政拮据，沒錢把教堂的圓頂翻修成尖塔。如果慕尼黑當時沒有這樣的經濟窘境，想必今天就沒有讓它自豪的文化標誌了。

乞丐天堂：柏林和維也納

所以我們該記取教訓：**越有錢，越容易出現品味變差的危機**。而且，縱使你的收入在一般水準以上，也很可能因為購買日常用品或雜物而用罄，所以，有格調、有品味、收入又持續下降的現代窮人千萬要小心：別住在物價太高的城市。有幾個城市是現代窮人絕對不能住的，比方說蘇黎世或倫敦，至於如今的慕尼黑同樣不予推薦。德語區有兩座大城市對現代窮人而言再理想不過：一是柏林，二是維也納。

像柏林這種城市，對離鄉背井的學生、失業者，或是從前那些躲避兵役者，今天的失業記者或自由記者而言，都是非常理想的居住地點，因為這裡的物價（無論是炸肉丸、酸黃瓜、德國香腸，還是原味啤酒）自有史以來都比德國其他城市便宜。柏林每天都有一大堆活動或展覽，舉凡各國文化局舉辦的書展、討論會或演講不一而足，這些展覽的開幕典禮只要你穿得正式一點，每天晚上都可以混進去，一毛錢也不必花就能有吃有喝。只要你「看起來跟其他人一樣」，幾乎沒有人會要求看你的邀請卡。所以，柏林絕對有資格榮獲「乞丐天堂」的封號——嗯，或者別說乞丐，前人的說法比較文雅，姑且稱之為「食客」吧。在柏林，要成為外國大使的座上賓真的不難。其實只要你懂禮貌、守規矩，外國大使就對你感激不盡了。

由於我並不打算出一本「如何在柏林當食客」的生活指南，所以我決定把我的食客絕招透露給各位：如何讓自己成為各邦首長晚宴上的嘉賓。除了在德國這個徹底奉行財富均分主義的國家外，沒有任何一個八國高峰會的國家首都首長，會那麼輕易邀請你當他的貴賓。絕招是：首先要調查清楚，接下來有哪個國家的貴賓要來訪。然後你必須寫一封文情並茂的信，記得不要用太華麗的信紙，你要在信裡清楚地告訴對方，為什麼你希望參加這次餐會；你可以自己虛構一個公司名稱，大概是中型規模的公司，你可以說你們公司非常希望到這個國家去投資或開拓商機，或者隨便瞎掰，說你是專門研究這個國家文化的學者（甚至可以說，你想贊助他們國家的某些慈善活動或計畫等等）——就這樣，我保證你一定會收到邀請卡。不過先決條件是：俄羅斯總統普丁或英國女皇並不會露面！

你知道嗎？烏茲別克、智利、斯洛維尼亞（還是斯洛伐克？）的總理也都在寫同樣的信爭取出席機會，他們信中所舉的理由也跟我教你的差不多。順便告訴你，這些晚宴上的菜色真是美味極了！不過餐桌上的應酬話的確有點累人。吃完飯後，你愛找誰聊天就找誰聊天（不過千萬別找德國前外長費雪，他可是很挑談話對象的）。如果你在吃飽喝足後，開始覺得這種聚會真無聊，那麼簡單，回家非常方便：一出總統府的晚宴會場就是公車站！

對窮人友善似乎是柏林的傳統。多年來的政治孤島命運，讓柏林人特別團結，甚至培養出一種「我們必須一起撐下去」的個性，幾乎每個柏林人都記得那段得靠別人接濟才能活下去的日子，而且這樣的記憶橫跨所有社會階層。在德語區裡，從來沒有任何一個城市的官員會像柏林的官員一樣，對百姓這麼照顧有加，他們常常會用各種名目來嘉惠百姓，比方說發放加班費或食物。也許這正是六八學運最傲人的遺產吧：它把普魯士腐敗的官僚作風，徹底從柏林的公家機關裡剷除了。

當我們還住在柏林的十字山時，納稅稽查員是個相當漂亮的年輕小姐，她的名字很好玩，幾乎清一色由子音組成：斯克爾戚波喳齊克（Skrzypczakjk）。她到街上來查稅時，你完全看不到她的補稅單，因為她都會好好地收在口袋裡，只用一張親切和藹的臉跟每個人打招呼。有時候她也會跟大家一樣，坐在咖啡座上悠閒地享受兩杯義式濃縮咖啡。她管理轄區的方式既舒適又愜意，她的巡視從沒有讓人不愉快過。

就連柏林的居住文化也完全符合現代窮人的品味。不但房租超便宜，而且更棒的是：沒有人會把房子看成身分地位的表徵，也沒有人喜歡拿它來做炫耀的工具——但越是這樣，就越顯得他們真的有格調。

對現代窮人而言，或許柏林已是千嬌百媚，但維也納卻更勝一籌。在維也納，最讓人感到愉快的地方莫過於：有錢人在這裡將渾身不對勁。這裡沒有人會因為你窮，就把你排除在社交圈外，這裡的每個人都受歡迎，縱使你沒有邀請卡——只要你表現得有點文化素養，就能融入其中。如果大家在哈維卡咖啡館（Café Hawelka）[1]裡都直呼你的名字（或許還是會加上「先生」、「小姐」），代表你已經徹底融入維也納的社交圈了。相反的，那些有錢的暴發戶，無論他們贊助多少音樂活動或歌劇表演，還是沒有人把他們放在眼裡。在其他西方國家的城市裡，只要有錢就可以買到社交，不過在維也納不行。如果你想「融入」維也納的社交圈，至少你得讓自己看起來沒什麼錢。

曾經貴為帝國首都的維也納，當然也跟其他有宮廷文化的地方一樣，非常重視自己的門面。不過，在奧匈帝國瓦解後，維也納也迅速沒落。正因為如此，維也納才得以用讓人深感愉悅的方式，繼續傳承過去的宮廷文化與社交禮儀：一大堆貧無立錐之地的王公貴族後代，都住在一棟棟幾百年沒漲過房租的古老寬敞建築裡，家裡所有家具不是繼承自祖母，就是來自舅舅；在這裡，沒有人會認為錢可以代替品味。正因為如此，維也納得以倖免於難，不必像其他過去同樣具有顯赫歷史，卻沒有受過沒落文化洗禮的大城市一樣，變得既庸俗又可悲。

實用重於炫耀

德國絕大多數的大城市，無論是帝國的自治市或漢薩同盟的商業城，從前都是王公貴族或皇室的領地，所以宮廷文化一直是主流文化，尤其是上流社會的紳士派頭及排場。每個階級的人都在模仿他上一個階級的行為與生活。想要打進社交圈、想要留在社交圈裡的壓力，導致許多人負債累累。歐洲所有皇族最喜歡效法及模仿的典範，就是凡

1 維也納一家知名的古老咖啡館，是文藝人士喜愛造訪之地。

爾賽宮。無論是慕尼黑、漢諾威、德勒斯登或卡塞爾，如果你想了解當時上流社會的紳士派頭與排場文化，其實只要看看法國皇室就能一窺精髓了。

十八世紀的法國在君主統治下，還是一個社會階級非常分明的封建國家，一個人能住怎麼樣的房子，該取什麼樣的名字，都有嚴格的規定。只有國王和王子住的地方可以稱做「皇宮」，其他王公貴族住的豪宅頂多叫做「官邸」。一般老百姓就是所謂的「大眾」，大眾住的房子，法文叫做maisons particuliéres，或許可以勉強翻譯成「大眾住宅」，而住在這些大眾住宅裡的人呢，他們的生活對社會整體而言根本無足輕重。德國社會學家諾伯特，艾里亞斯（Norbert Elias）曾經直接而殘酷地指出：大眾過的根本就是被排除在外的「邊緣化生活」。在宮廷文化裡，只有那些能公開展示、炫耀自己的人，才有機會打入社交圈。很可惜，過「邊緣化生活」的人根本沒有機會，也沒有價值。

這樣的風氣上行下效，影響所及連最低階的市民也爭相仿效。無論在達姆城、波昂或慕尼黑，只要有人想炫耀，就會請客人到家裡來好好展示一番。於是，可怕的「雅室」就出現了——其實就是家裡的一間房間，專門用來接待貴賓或拍照留念時使用，平常大家都捨不得用也不敢用。雖然不常用，但每天卻要花很多時間保持乾淨。一般而言，大概一年用兩次，事前還得先準備好絲絨相框，把值得炫耀的相片展示出來，然後再把一堆主人感到驕傲的「雜物」擺進玻璃櫃裡。等客人來了，當然還要端上「最頂級」的咖啡和蛋糕，還得提心吊膽地留意者，千萬別讓客人把咖啡滴在椅套上。「雅室」文化真可謂是把宮廷社交文化發揚得最淋漓盡致的一種創舉。

所幸，這種美好的「雅室」時代已山窮水盡了，「頂級」咖啡也不再是必要，如今我們買家具大多真的是為了使用，不再是為了裝飾或炫耀。而且，因為再也沒有人願意花好幾個鐘頭來擦拭灰塵，所以那些用來展示的「雜物」也通通被收起來，家裡的空間終於變大了。受惠於景氣不佳，你反而到處可以買到式樣簡單、風格高雅，卻價格便宜的家具。在幾年前，這樣的貨色肯定叫人荷包大失血。

最優雅的狗窩

雖然經濟情況走下坡，但有許多人仍然維持著以往的生活水準——不只是維持，甚至還提高，因為他們採用一種古老的生活方式：合住。歷史告訴我們，人類有很長一段時間都是過著群居生活。在德國發現的原始人尼安德塔人已經在過這種生活了，只不過他們的方式比較簡單（其實真的可以很簡單，只要裝上天線，擺台洗碗機就行了），真的，我們沒道理不回過頭去重拾這種傑出的生活方式。好可惜，如今不只學生，連上班族、退休老人、兄弟姊妹、朋友，許多人都過著和群居完全相反的獨居生活，真是既浪費又孤單。

所幸這世上還是有聰明人，德國最小聯邦的首長就選擇了「合住」方式，他的整個家族以及家族裡所有成年孩子通通住在一起，這樣一來，他們不但可以選擇較大的房子，還可以省下一大筆錢，生活上又可以互相扶持、彼此照應，真是一舉數得，大家的生活品質也都一起提高了。

那種一屋子住了好多人，大門永遠為朋友敞開的房子，對我而言有種致命的吸引力，比任何出色的酒吧或咖啡館都還吸引我。縱使是被我視為第二個家的哈維卡咖啡館，我待一陣子之後也會想離開。但在朋友的家，在經常有人來來去去的小窩裡，我待再久都不會膩。那裡不會有侍者一直過來關切，讓人備感壓力，好像非點些什麼飲料不可，廁所也不會擁擠得像迦薩走廊一樣（哈維卡的廁所甚至髒到可以變成另類觀光勝地）。除此之外，家裡的座椅通常也比咖啡廳裡的舒適。

而且，你再也找不到任何地方能比朋友家更能體現叔本華的豪豬寓言了。叔本華說，豪豬天生有一種親近同類的慾望，所以牠們很喜歡全部聚在一起，但是因為豪豬身上有刺，所以只要一靠近就會痛，所以又得分開，但是豪豬最後總會「調整出一個最恰當的距離，一個彼此都覺得可以忍受的距離」。要跟其他人保持恰當的距離，不太近，也不太遠，最好的方式就是「待在他身邊」。要落實這種做法，最好的地方就是（根據我的實際經驗）去找那些大門永遠為朋友敞開的窩。至於這些小窩是坐落在破舊的閣樓裡，或是間狹小的一樓公寓，則一點也不重要。好客、簡單、輕鬆的氣氛才是真正的關鍵，即便是又小又破的茅草屋，也能讓人其樂融融。

我所見過最優雅的一個窩，是位於布達佩斯一棟老建築二樓的狹小公寓。那是我舅舅席格蒙・尼阿瑞斯伯爵的家。匈牙利還是東歐集團的一份子時，我偶爾會去探望他。因為舅舅的大女兒在一次西歐旅行中，滯留在西方再也沒有回去，所以匈牙利政府將他們一家人貶為階級公敵，並且把他們（包括爸爸、媽媽和四個小孩）通通趕進一個兩房的小公寓裡去。

即便在最糟糕的狀況下，人還是可以享有最高水準的生活品質與品味，舅舅的家就是最好的證明。那間房子小到只夠大家睡覺。但一早起來，只要大家都起床了，它就會開始變身。首先是打開窗戶，然後把床墊全部收起來，接著把書收拾好，椅子往旁邊靠——一間完美的沙龍頓時出現，這可是席格蒙舅舅接待賓客的大廳。他的茶具組合大膽而有創意，每一件都是獨一無二，古色古香又有些小瑕疵。如果有朋友或親戚造訪，滿室慵懶宜人的休閒氣氛，常讓人錯以為置身在他從前的鄉間別墅裡。

席格蒙舅舅每天都穿相同的兩套西裝，白天是棕色那套，晚上的是黑色。不管是否有訪客，他一定都穿戴整齊——其實他們家已經很少有訪客了。他是那種不管獨處或外出都一定要整整齊齊的人。他永遠不會因為家裡只有他一個人，就想鬆開脖子上的領結，或換上輕便的拖鞋。曾經有人跟我說：並非出了大門才叫外出，其實只要一出了房門，就算在外面了。說這話的人肯定沒見過我舅舅，否則他不會這麼說——席格蒙連單獨在房間裡，也要穿戴整齊。

一間房子漂不漂亮，關鍵絕不在於你為它花了多少錢，也不在於它位於哪個地段，而在於：主人是否能給客人親切自然的感受，讓人就像回到自己的家一樣。**什麼是富有？富有是，你住的地方是所有朋友都愛去的聚會場所。富有是，哪天當你屋漏偏逢連夜雨，卻有朋友願意讓你遮風避雨**。再多的奢侈品、再高級的立體聲音響、高畫質電漿電視、名設計師家具，這一切都不能讓你的家成為朋友樂於造訪的溫暖窩。

05 別吃飽了撐著

難道這些人都無家可歸嗎？

——二姊葛羅莉亞進到爆滿的餐廳時驚訝地說

常聽人說：「我家冰箱裡除了一瓶香檳、一捲柯達軟片（或者一罐指甲油）之外，什麼也沒有。」很多人以為，這麼說代表自己好新潮、好前衛。其實這種行徑根本完全落伍了。理由一：香檳根本不是值得讚許的高級飲料，它的原料只是釀酒時被挑出來丟掉的劣質葡萄。理由二：說這種話的人肯定得外食，若仔細探究就可發現，再也沒什麼能比「上館子去」更能自曝小市民的窮酸小氣心態了，如果再加上「吃美食去」，那就更等而下之。

「我們今天晚上要幹嘛？」大部分的都市人都會回答：「走，上館子去。」他們真的會找家餐廳吃飯，然後一整晚除了「食物」之外，就沒別的話題了。交談的內容就像：

「這裡的芝麻菜沙拉做得真棒，他們用的肯定是摩德納1的風味醋。」

「你一定要試試我的鴨胸肉。」（作者曰：下面墊的肯定是芝麻菜）

然後便聽見試吃的人說：「嗯——真是太好吃了！」一副回味無窮的模樣。

接著便舉杯，這時就會有人頭頭是道地評論：松香味希臘葡萄酒一定要在希臘喝才好喝，才喝得出它的味道，今晚選松塞爾2紅酒算是聰明的決定！這時所有人都會端著自己的酒杯微微點頭，一副自己也很內行的模樣。於是，能講的話全講完了，正當大家為接下去該說什麼而發愁時，主菜來了——喔，終於可以鬆口氣，今晚不怕沒話題了。

「創意」真的能吃嗎？

威脅人類文明最劇的現代產物莫過於「創意餐廳」。之所以叫創意餐廳，乃因為現代人去餐廳不只是為了吃，還想「體驗創意」——說穿了，就是要利用創意菜色分散大家的注意力，化解面對面坐下來卻無話可談的尷尬。這些創意餐廳通常裝潢得非常另類，侍者的穿著也顛覆傳統，比方說夏威夷的草裙。首先你必須脫掉鞋子，好懶洋洋地坐在軟墊上，或者用一種外型似椰子、上頭還插著一根小紙傘的塑膠杯，喝一種充滿異國風味的甜飲料。

漢斯—彼得．渥達茲可算是創意餐廳的先驅，他最懂得掌握群眾心理，他知道消費者喜歡被娛樂，不喜歡彼此交談。他在威斯巴登開了一家名叫「萊赫爾之鴨」的餐廳。到這家餐廳來用餐，不僅可以吃東西，還有節目可看。他成功地結合了馬戲團與餐廳，近年來更開始在德國各地巡迴演出。在他的帳棚餐廳裡，侍者一律穿著溜冰鞋上菜，常濺得客人衣裙留香。舞台上特技要得精彩，客人看得渾然忘我，一整個晚上下來確實沒說到半句話，最後還能心滿意足，無錢一身輕地快樂回家去——口袋裡至少要失血三位數的歐元。

曾經，人們上館子單純是為了找好吃的菜，比方說某家餐廳的菜確實出色。如今餐廳裡的高級菜除了鴨胸肉之外，基本上沒了，如果要更有特色一點的話，就是「墊上」芝麻菜。就連那些曾經被視為高級餐廳的館子，如今也端不出什麼能吃的東西來。我還

1 位於義大利北邊，巴薩米可醋的名產地。
2 位於法國中部謝爾省的城市，臨羅亞爾河，盛產葡萄酒。

記得過去那些廚藝精進的大廚們，比方說當艾奇・維茲曼還在慕尼黑的茄子餐廳擔任主廚時，他會為他親愛的老饕們端上他的拿手私房菜，比方說入口即化的燉牛尾搭配皇家煎餅。只見隔壁桌正在享用「創意美食」的律師們一副食不下嚥的模樣，不時向我們投來羨慕的眼光——因為我們吃的菜不在菜單上。

「創意美食」當初之所以會風行，乃是為了不再受法國餐的油膩和高澱粉茶毒，如今卻已走火入魔：新式菜色為了迎合媒體，為了討好那一小撮美食專家和記者，餐廳不斷挖空心思、推陳出新，長期處在技術革新的壓力下。現在他們唯一追求的目標就是「原創性」，甚至忘了菜該怎麼煮。

我已經好久沒上高級餐廳了，最近因緣際會又受邀出席餐會，但這次的美食經驗讓我不得不認為：創意料理已經窮途末路了。菜單上赫然寫著：牡蠣千層麵?!還有啤酒沫牛肉薄片？天啊，這是什麼東西?!這還不算荒唐，接下來竟然還有：培根雞蛋冰果子露。真是夠了！出於好奇，我點了培根雞蛋冰果子露，結果來了一大球黃泥狀的冰淇淋。我可以跟你保證，再也沒有比這更噁心的東西了，吃起來像在嚼一大坨劣質脂肪。

餐廳裡最讓人受不了的還不是食物，而是服務。那些服務生若非已經夠寡廉鮮恥，就是正試著要讓自己更寡廉鮮恥一點。他們常會透過一些不可思議的舉止和特別服務，來對客人「大獻殷勤」。專門為美國流行雜誌《時尚》撰寫美食專欄和餐廳評比的一位美食評論家，基於自己是受過專業訓練的餐廳侍者，出了一本這方面的書。自從這本書問世後，我們才知道，原來紐約一位優秀的餐廳侍者一年大約可淨賺七萬五千美元的小費。而且他們還發展出一套系統化的技巧，教侍者如何讓客人願意給出大把小費。會讓我們掏出最多錢的，並不是那些貼心的服務。能完全控制客人，叫客人乖乖就範的服務生才叫高明：從一開始踏進餐廳起，侍者的專業服務就開始了——他絕不會讓你稱心如意地坐在你自己選的位置，你必須坐上由他決定的位置。接著，如果他夠專業的話，他還會站在桌邊，徹底無視客人正在看菜單，命令式地向你推薦「紅鯉魚排」。如果你不聽他的話自己選，他猙獰的表情就像你污衊了他所有的同行。

折磨人的「美食」

去餐廳是一種折磨，可憐那些充滿工作壓力的人，經常得被迫去餐廳。主要基於兩大原因：其一，他的工作迫使他不得不盡快找間可怕的餐廳坐下來吃頓飯，以便餵飽他飢餓的肚子；其二，到餐廳吃飯可以「延長會議」，大家可以把剛才在會議桌上沒討論完的事，邊吃邊講完。當你不再需要從早到晚被工作追得喘不過氣，當你再也負擔不起經常上餐廳的費用時，真的可以理直氣壯地認為：這是提升生活品質的大好機會。

我有個同事目前也失業在家，他跟我一樣到處兼差當自由記者勉強餬口。他每次打電話來都說：「哪天我們一起去吃個飯！」每次我都想告訴他，去餐廳聚會並非什麼好事，甚至可以說是一股歪風、陋習，現在我們失業了、變窮了，根本不必再強迫自己上館子了。要跟朋友聚會，除了上館子，還有其他許多既高尚又優雅的做法。

在某些城市，像倫敦、巴黎或維也納，邀朋友到家裡聚會是件再平常不過的事——至於你家空間有多大根本無傷大雅。管你是住在皇宮、獨棟房子，還是出租公寓裡，無需特別的理由，隨時都可以邀一票朋友到家裡吃晚餐，縱使家裡只有番茄義大利麵。一天到晚跑餐廳的人，肯定是友誼破產的可憐蟲。只有在那段短暫卻恐怖的「黛安娜王妃時代」裡，上館子才成了倫敦的新時尚。黛安娜王妃做了最壞的示範：她一天到晚喜歡去寶乘廣場（奇怪，英國人怎麼老喜歡把這個字念成「逼券」廣場？）旁的聖羅倫佐餐廳，或許是因為她太想讓大家看見她了吧——尤其是記者。在那段時間裡，倫敦稍微有點自恃不凡的傢伙都會有樣學樣。所幸這股歪風現在結束了，大家又邀約彼此到家裡作客，這樣不是比較優雅，也比較舒適輕鬆嗎？

唯一可能讓人感到不舒服的情況，是受邀到某個新貴階級的家裡去。其餐桌的擺飾，會讓你誤以為他找了一個瘋狂的植物學家來幫他設計；餐桌上到處散落著碎石塊、沙子、木頭、花瓣，哇，真是嘆為觀止的恐怖手法。如果你受邀去杜塞爾多夫或慕尼黑的豪宅，那麼桌上還會撒滿最新流行的金沙！用樹枝做成的擺飾常常一不小心就會插進上頭撒著松子的芫荽黃瓜泡沫湯裡，幸好你不必喝這道湯，因為由名家專門為這道湯所量身打造的湯匙根本無法使用。

通常每個人面前都會擺著一大堆不同的玻璃杯，這可是由知名精品店純手工製的喲！裡頭裝的全是最昂貴、卻毫無口感可言的高價酒。切記，喝酒前一定要先端起杯腳，姿勢要對、角度要美，然後再深深地朝主人凝望一眼，接著才能喝酒。通常你會在自己的座位前發現一張用藝術字體寫上你名字的小卡片——雖然你的名字老是被拼錯，然後還要一整晚聽主人冗長且毫無重點地敘述他在西班牙富埃特文圖拉火山島上所遇到的種種麻煩鳥事。

不過最令我印象深刻的一次晚宴是受邀到莎娜・波爾・費爾丁夫人家用餐的那次。她和她先生（前瑞士駐德大使），當時還是柏林社交圈的新鮮人。當晚所有的餐桌布置，包括瓷器，通通都是凡賽斯精品。受邀嘉賓猶如置身金碧輝煌的夢境中，但蜿蜒在餐桌上的長春藤緊貼著閃閃發亮的燭火，讓人不禁捏把冷汗。為了當天晚宴，主人特地聘請了兩位專業侍者，但此二人矯揉造作至極，一個臉頰上甚至稍微化了點妝，一個則抹了太多聖羅蘭的猛男男香香水。當晚我們到底吃了什麼我實在想不起來，只記得整晚身邊充斥著噁心的猛男男香香水味。接下來一星期，我只要看到凡賽斯就想吐。

最舒服的還是，大家一起擠在只有兩間房的小小公寓裡，所有賓客各自霸占客廳和臥房；舒適地靠在床邊，盤子擱在腿上，便宜的酒配上找不到兩、三片蘑菇的義大利麵，可是一旦坐下來，就再也不想走了。提醒你，如果要辦那種大家都得乖乖坐在餐桌上吃飯的聚會，人數絕不能超過七個，因為人數一多，保證大家不能聊在一起，只能找身邊的人聊天，很快就會演變成極其累人的雙人密談。至於盤子上是不是有裂痕，湯碗的把手是不是掉了一個，這一點都不重要——甚至掉了更好。刀叉最好不成雙成對，有從德航上偷來的叉子，又有名牌WMF的餐刀，還有祖傳了好幾代、老舊斑駁的銀湯匙，這種多采多姿的組合才最酷。

最重要的是，大家不該把焦點放在食物上。最要不得的就是那種在廚房和餐桌間頻頻於奔波的主人，一下子為了雞翅烤得太焦，一下子為了醬汁不夠味而道歉，這樣子真的會搞得大家精神衰弱。食物越不麻煩，聚餐才會越愉快。到我家來聚餐的朋友基本上只吃得到泰式蔬菜咖哩。嘗起來的味道就像動用了數十個大廚一起細火慢燉，熬了好幾個鐘頭才完成的佳餚，其實只要把一堆蔬菜放進加了辛香料的椰漿裡煮熟就行啦。

我母親更厲害，她一輩子請客都煮相同的菜：主菜是一道喚做「卡波茲撻斯寇卡（Káposztás kocka）」的匈牙利燉香菜，接著是一道非常傳統的匈牙利甜點栗子泥。她最拿手的就只有這兩樣，但它們真是完美極了。我們從不會大費周章地搞大餐，結果卻永遠令人滿意：客人得以好好聊天，不必整晚把時間浪費在誇獎主人的手藝。菜好當然很棒，但絕不能喧賓奪主，成了聚會的焦點。

再拮据的帳戶、再狹小的房子，都不能剝奪有格調之新貧戶邀朋友到家裡來聚會的樂趣。自古以來，無論哪種文化都對好客精神萬般推崇。尤其是那些國民收入較低的國家，那些國家的人民都特別好客，雖然他們能端出來招待客人的食物通常很寒酸。對他們來說，吃飯就是對人展現善意、交流感情的媒介，他們總是把食物放在最中間，所有人圍著食物團團而坐。不過，我們剛好相反，對我們而言，要嘛就純粹品嘗美食，食物本身就是焦點，要嘛就專心聊天，根本沒注意到今天吃什麼。

別越吃越笨

現代人為了打發時間而吃，為了消除苦悶而吃，高興也吃不高興也吃，縱使我們不覺得餓，只是有點食慾也吃。目前減肥工業是歐洲和北美洲唯一營業額節節上升的產業，但是讓大家花最多錢的卻是各種外科手術或治療，舉凡心臟病、高血壓、糖尿病，還有肥胖引起的關節問題和脊椎問題。現代工業在人們貪吃的弱點上，找到最具開發潛力的市場。單是美國人，每年花在開刀把自己的胃縮小的錢就高達三十億美金。

怪哉，幾世紀以來，豐腴一直是財富的象徵。怎麼從五十年前開始，我們的文化圈裡突然風行起苗條了？喔，對了，是骨瘦如柴的辛普森夫人（讓英皇不愛江山只愛美人的溫莎公爵夫人）。她喊出了這樣的名句：「你永遠都不會太有錢或太瘦。」天啊，一個人當然可能太瘦！辛普森夫人這番話，讓無數年輕人為之瘋狂，但說穿了，其實是年輕人對上一代人好吃行為的反動，而且他們這種瘋狂「想瘦」的行徑，難道不是另一種披著文明外衣，骨子裡卻在殘害健康的極端主義嗎？

無論辛普森夫人喊出來的口號有多愚蠢，不容否認的是：苗條如今已成了身分地位的象徵。如今社會下階層的人的確深受肥胖所苦，中上階層的人則一心追求纖瘦、窈窕的完美身材。在柏林北邊的工人區新肯恩，或在慕尼黑的哈森貝格，油膩膩的沙威瑪和薯片幾乎成了眾人的主食，但住在柏林市中心的有錢人卻流行吃輕盈的芝麻菜，哈肯遜市集上甚至開了一家名為「牧草屋」的露天飲料吧，專賣富含維生素的飲料，比方說現榨的新鮮小麥草汁，甚至還賣薑湯。這些新潮的健康飲食竟然比工業化的加工食品還昂貴，又是一則現代都會傳奇！其實，不管是蘿蔔、番茄、蘋果、豆子、馬鈴薯或洋蔥，科學家不斷在這些食物中發現新的營養素，它們不但對我們的健康不可或缺，還是市場上最便宜的東西。

雖然大家都知道，食物跟身體健康的關係密不可分，但飲食習慣對心理健康的影響，卻是最近才被科學家（再度？）發現。從前人們常說：「吃魚會變聰明」、「吃太飽不愛念書」，我們總稱這些話是老祖母在念經。近年來，科學界耗費巨資終於真的證實了：吃魚能提高智商，吃太飽會讓人變笨、變沮喪。

英國的慈善機構「心靈」（Mind）曾長期贊助一項有關食物對心靈影響的研究計畫。二〇〇四年終於有了結論：持續吃太飽，或攝取過多的糖、咖啡因、酒精，都會阻礙身體分泌血清素，這是一種身體自然分泌的「快樂激素」，但相反的，多喝水、多吃蔬菜、水果和魚類卻有助於大腦分泌血清素——不過，縱使是蔬菜水果也不能吃得太脹。

魚類所富含的Omega 3脂肪酸對大腦有神奇的保護作用，它就像大腦的潤滑劑一樣。英國布里斯托大學教授彼得．羅傑斯（Peter Rogers）乃營養學專家，他曾經說過，富含維生素的飲食和規律攝取魚肉，對治療輕度憂鬱症有非常大的幫助，同時還可以提升我們的腦力和智商。在「心靈」協會所贊助的研究計畫中，受邀參加實驗的憂鬱症患者必須強制改變飲食習慣，在實驗過程中大量攝取蔬菜和水果，且每天至少要喝兩公升的水或無糖飲料，一個星期至少要吃一次魚。實驗結果令人驚訝，百分之八十的病人表示，他們「明顯」覺得自己的精神狀況改善了，甚至有四分之一的人覺得自己完全康復。

北倫敦大學的大腦化學研究院院長麥克．克勞福（Michael Crawford）甚至提出以下論點：由於飲食不當，人類大腦的演化在幾千年的進步之後，竟開始反向了。如果他的研究結果沒有錯，那麼，英國人每經過一代，就要減少百分之〇．五的「遺傳智商」，如果一直這麼下去，那我們真是要為英國的朋友擔心，總有一天，他們的子孫會連閱讀《太陽報》都覺得太難。雖然我們不像英國人，一早就吃油膩膩的肥豬肉當早餐，一整天離不開加工食品，但基本上我們的飲食習慣跟盎格魯薩克遜人沒什麼兩樣。我們同樣也在越吃越胖，越吃越笨。沒錯，就像字面上所講一樣，越吃越笨。根據劍橋大學最新的研究證實，我們的每一頓飯、每一次進食，都會影響大腦的作用。所以，不聽老人言吃虧在眼前，我們真的該再次重視那些不被我們放在心上的老祖母箴言了：「吃魚會變聰明」、「吃太飽不愛讀書」。

導致我們把身體當作垃圾焚化爐來糟蹋、濫用的元凶，除了我們這群自食惡果的「愚蠢消費者」之外，還有食品工業。多年來，食品工業不但一直致力於生產廉價食物，而且還不斷透過技術革新，企圖把對大腦有益的營養素通通從加工食品中剔除。對大腦非常好的Omega 3和Omega 6脂肪酸其實不僅存在魚肉裡，還存在於其他肉類、奶類、蛋類和蔬菜裡。但工業化農業與加工食品研究中心卻無所不用其極地想把它們從食物中剔除，因為只要有這些營養素存在，加工食品就比較容易腐敗。所以，他們要把這些營養素從加工食品裡徹底剔除，比方說義大利臘腸和冷凍披薩等。於是，我們所攝取到的脂肪，絕大多數是會讓我們動脈阻塞的飽和脂肪酸。

並且，由於使用沒有營養素的化學肥料比較便宜，所以我們的農作物也變得越來越缺乏維生素了。為了讓產品能保存得更久、顏色更鮮豔、味道更濃郁、更吸引人，食品加工業不斷在我們的食物中添加化學成分，卻嚴重危害到我們的健康。

從前大概只有所謂的五分鐘速食鍋或速食麵裡含有防腐劑，但今天你到超級市場去，幾乎沒有一樣加工食品裡不是富含防腐劑、穩定劑、氧化劑、化學調味料、抗氧化劑或色素的。調理包、速食包、罐頭食品裡放了最多上面提到的添加物，為了省一．七至八．四分鐘的時間，人們煮義大利麵時不再用新鮮番茄，而用粉末調出來的醬汁，煎法式薄餅時不再用簡簡單單的兩、三樣材料，而要用冷凍櫃裡的加工麵團，煮綠色花椰菜時不用橄欖油，要買花椰菜鮮味露，為了節省那一丁點時間，你付出的代價不僅是健康，還有更多的錢。

美國賣得最好的食物之一是「吞吉司」（Twinkies），小小一條，吃起來像太甜的海綿，但其實是蛋糕。根據廣告的說法，它是學童下課時間最理想的點心。吞吉司的包裝上完全沒有註明保存期限，或許根本不需要吧，因為它是百分之百化學合成物。如果把它丟在窗台上，不管幾天，再餓的小鳥和螞蟻都不會看它一眼；牠們似乎比人類聰明，知道這東西對牠們不好。在美國有個判例，一位舊金山的律師為了幫助犯謀殺罪的當事人減輕刑責，舉證他的當事人在犯罪前吃了太多吞吉司，所以沒有充分的行為能力——

也就是說，其當事人的判斷力嚴重受阻。法官雖然沒有接受這項論證，卻同意攝取過多的垃圾食物確實導致被告的精神狀態異常沮喪，被告因此獲得減刑。

啤酒取代葡萄酒

當我還有份穩定的工作時，我根本不在乎自己吃了什麼。忙碌的上班生活，讓「吃」只是為了獲得體力：只要是熱的就行，管它油不油膩。至於在家裡，基本上我老婆只煮有機商店裡買回來的有機蔬菜。但我從來不在乎：在有機商店裡買三顆番茄、兩根黃瓜的價錢，在阿迪超市[3]能買滿滿一推車的食物。路邊賣的便宜香腸和家裡煮的有機蔬菜，對我而言都沒有差別，也沒有意義。直到我失業了，再也沒有那麼多錢可以花了，這一切才有了轉機。

當然，我們還是會到有機商店去買東西，不過現在我很清楚：這麼做很奢侈。我還刻骨銘心地記得，當我正在為多領一點失業救濟金，而跟我的「個人工作者」失業救濟金申請表奮戰時，我太太如何提著有機商店的昂貴雞蛋回家。蛋盒上印著無數小小的有機商標，另外還有一個商品檢測基金會的標誌，上面還印著「高品質」的字樣。此外還有許多很可笑的圖案：一群快樂的雞，有的窩在乾草堆上，有的正在幸福地啄食穀物，有的則端坐在窗台邊。我太太堅持只買被人道對待的雞所生的雞蛋，幸福快樂的牛所分泌的牛奶，生長在野外、每天呼吸新鮮空氣、心滿意足的紅蘿蔔和小黃瓜，我不得不繃緊神經，對每根義大利瓜的價錢斤斤計較。

自從晉升為現代窮人後，我才知道品質的重要性。我終於體認到：只有當你不能再浪費了，你才會開始懂得分辨事情的重要性，並且開始避免購買多餘的東西，還能學會怎麼去珍惜那些對你真正有意義的事物。

最近我遇到一個多年不見的朋友，令我驚訝的是：他竟然不喝葡萄酒了。我一直記得他是個品酒高手，愛酒成痴，還是佳士德拍賣會專屬的鑑酒專家。他直接了當地跟我說：因為他再也負擔不起他喜歡喝的那些酒了，一切都成為過去式了。現在，連等級較差、勉強能入口的波爾多紅酒他都買不起，而他又不願意降低品味喝那些便宜的爛酒，所以現在他不喝葡萄酒了，只喝啤酒，一種除了水之外，世界上最純淨的飲料。

在我們把義大利波塞可氣泡酒當水喝的富裕年代裡，我們總把啤酒視為勞工飲料，是難登大雅之堂的東西，不是嗎？我們會在哪個正式場合用啤酒招待貴賓？我們招待貴

3 全德國分店最多的減價超市，以低價實惠和特賣吸引廣大顧客，也吸引不少中高收入者。

賓的永遠都是葡萄酒，因為我們認為，葡萄酒比較高級，縱使它是種被下了毒也不一定嘗得出來的飲料。如今，就連曾經被視為歐洲最具權威的品酒專家，也根據他多年來的喝酒經驗得出以下結論：今後他只喝啤酒。或許我們都該效法他。讓我們從義大利波塞可氣泡酒回歸到純淨的啤酒吧！這樣的回歸具體而完美地揭示著，我們這些在經濟上變成弱勢的現代窮人，將取得甘甜而美好的文化優勢。

06

窮人的養生術

人一共分為三等：不動的，動的，和運動的。

——出自阿拉伯諺語

健康是買不到的。運動絕非均衡飲食所能取代，更不是補品、藥丸，或號稱提升免疫力、具神奇右旋功能之磁石床墊所能給予的。許多大受歡迎的塑身療法號稱你全完不必自己動，就可以獲得健康和窈窕。這些減肥方法卻像某位美國人所發明的吃肉瘦身法一樣，只會帶來副作用——此人後來雖成為全球數一數二的暢銷書作家，自己卻死於心肌梗塞。他的書截至目前為止都還炙手可熱，甚至不斷衍生出各種根據其理論所設計或命名的減肥餐；只要有人「膽敢」宣稱，這套瘦身法的發明者是因為奉行自己的理論而暴斃，他的遺孀就會把人揪進法院，狠狠告他。

另外，加州還有一家非常成功的運動鞋製造商，在全球推出了一款號稱只要穿上，什麼都不必做就能獲得健康的運動鞋。廠商的說法是，這是一款應用彈簧力學所設計出來的功能鞋，本身就「內建」了鍛鍊肌肉的功能，只要穿上它，就能讓日常生活的一般動作具有激烈運動的效果。

諷刺的是，這不是一個人人提倡運動的時代嗎？舒適的休閒鞋（拖鞋）甚至成了時尚的象徵，無論是彪馬運動鞋或是愛迪達的夾克都成了流行的基本配備。歐洲人每年花在健身俱樂部的錢高達數十億歐元，可惜大部分都白白丟進海裡了，因為他們根本不去用。許多人花錢只是為了求心安：他們寧願花大把鈔票騙自己，叫自己不要良心不安，也不肯承認他早就放棄自己走樣的身材。

人天生的結構就不是為了好逸惡勞。幾千年來的演化，人類的身體早就習慣每天要勞動好幾個小時，比方說搜集食物，再把它們捆起來扛回家或拖回家。就生物學的觀點看來，人類的身體在近代並沒有顯著變化，但我們的周遭環境、我們的世界卻變得越來越不需要勞動。人類的身體不像機器，可以擺上幾年任其生鏽，等到要用的時候再拿出來，耶——竟然沒問題，還是可以用！人類的身體如果長時間不用、不照顧，就會出問題。但是，過度講究保護對健康同樣沒好處，甚至容易導致代謝問題、肌肉萎縮、體重增加、姿勢不良、精神倦怠、嚴重缺氧、失眠、動脈硬化等症狀，嚴重時甚至會引起心肌梗塞或中風。真是矛盾，我們盡力保護身體、追求健康，怎麼問題反而越來越多？

是呀，過分強調健康的重要性，反而會讓人變得神經兮兮、反應過度；為了挽救自己不健康的生活方式及不動如山的工作型態，社會上興起了一股「健康崇拜」風。雖然運動對健康非常重要，並且可以讓我們身心舒爽，可惜那些追求「絕對」健康，視健康為人生頭等大事，甚至願為健康犧牲一切的人，卻不太愛運動。這種「健康教」目前非常流行，就像其他的宗教一樣，他們也分溫和派和基本教義派。他們追求的是：永遠維持在最完美的健康狀態。但「健康」哪是一件「絕對」的事？世界上沒有任何一個人是完全健康的。而且，對那些過分愛護身體、一天到晚小心翼翼的人而言，生活方式將越變越狹隘。

娜姊也不上健身房

在還沒有失業前，我也相信健康可以用買的。我也幫自己挑了一家健身中心，乖乖地繳了會費——他們給了我特惠價。一開始我充滿熱情，去得很勤，但過不了多久，現身的頻率就越來越低了。失業後，我不但省下了會費，還真的開始規律運動了：簡簡單單擺在地上的兩個手把，我可以做標準的伏地挺身，門梁上一根簡便的橫桿，門口就是練單槓的地方。如今只要我想運動，不必再大老遠開車去鬧區，也不必大費周章，在充斥古龍水味的更衣室裡更衣（老實說，實在不該在密閉空間裡使用古龍水），而且也不必再拿著一張蠢斃的晶片卡，一區晃過一區，一台機器等過一台機器地運動了：哇，那個像吃了太多類固醇，綁著護膝，粉紅色運動衫上還印著「Just do it」的肌肉男，終於等到他從鍛鍊背肌的機器上下來啦！如今，只要我想跑步，就直接去公園，不必再像呆瓜一樣，眼睛死盯著儀表版，在跑步機上神情呆滯地跨步。

其實，最高尚的運動是在大自然裡快步散步。這種運動每過幾年就會流行一次。「健行」可依個人喜好、品味之不同，衍生出許多花樣呢！例如高地健行、越野健行、強力健行、禪行、競走、水中行走、活力健行，或全身健行等，反正琳瑯滿目、目不暇給。流行雜誌每兩星期就會塞給我們一種新的運動趨勢，但我們真正需要的，只是新鮮空氣和活動筋骨。我們不需要購買昂貴的太極課程、氣功課程，也不需要上減肥中心。

休閒產業很清楚，每流行一種新的運動，消費者就得花錢買一套新的裝備；那些被流行雜誌洗腦的讀者，運動時不但穿得越來越花俏，需要的裝備也越來越多了。其實，**道具越少，越不趕流行，就越能證明你對自己的運動品味很有信心**。跑步就只需要一條舊運動褲、一雙球鞋、一件運動衫就夠了。跑步有一段時間也叫做「慢跑」，反正，無論它叫什麼，永遠都是最簡單也最有效的運動方式，單憑它，就可以帶我們脫離自己所打造出來的「舒適地獄」。

跟跑步一樣有效的運動是：爬樓梯。每天爬八分鐘樓梯，試著讓自己的速度快一點，或許當中會有一、兩次覺得好喘，但是我們體內的紅血球和供氧量會迅速增加，甚至還會產生輕飄飄的微醺感，覺得自己好快樂——這可是全世界最有效且最實惠的興奮劑喲，沒有任何一種踏步機能媲美爬樓梯的神奇功效。歌壇一姊瑪丹娜早就注意到這件事了。每次她做巡迴演唱，從不使用下榻飯店的健身房，總是請經理幫她把樓梯間空出來，十五分鐘就夠了，讓她在裡面迅速地來回跑動——這就是最好的鍛鍊。另外，柏林著名的察勒提醫院院長德特列夫．岡藤教授更言之鑿鑿地指出，爬樓梯乃「預防心血管疾病最可靠的良方」。因此，他反對院方在行政大樓裝設電梯，成功為員工保留了每天運動的大好機會。

如果想改善生活品質，最優質而有效的辦法，就是在生活中融入更多的運動。缺乏運動也是種貧窮！不僅會讓你的感官功能變遲鈍，還會讓你覺得生活過得很混亂。所幸這種貧窮很容易改善，而且一毛錢都不必花。關鍵就在於「改變觀念」：把握每次走路的機會，多動一動；上樓的時候不要搭電梯，多走樓梯，儘量不要搭公車、計程車，更不要自己開車，改騎腳踏車，如果能用走的當然最好！如此一來，你的生活品質將大大提升，並在無形中累積出一種非物質性的財富。所以，每少動一次，就等於浪費一次累積財富的機會。

經過這番剖析，想必你一定同意：如果你住四樓而沒有電梯，不要再抱怨了，你應該感到慶幸。每爬一次樓梯，就是對自己身體的一種投資，而且還是一種絕對有效、不斷孳息的投資。其實，**一個人的生活品質和主觀的富足感，都和「動得夠不夠」息息相關**。縱使每個禮拜只運動半小時，還是可以明顯感覺到新陳代謝變好了，免疫力增強了，身體變得比較舒爽了，不再那麼容易感冒，而且還強化了心肺功能，預防了心血管疾病。由運動中獲得的「生命質感」，絕非金錢能買得到；既不是購物頻道能提供，也不是信用卡所能預付的——這種東西才叫無價！

07 沒車，是件好事！

開車應該偶一為之，而且要有自覺，只在空曠的海邊或山區飆車。

——德國記者尼可拉斯．馬克（Niklas Maak）

我一直沒有車，所以過得很輕鬆自在。我不是一個「反車主義者」，我也了解，車子對許多人而言代表著「自由」。例如從海森邦出發，車速隨人高興，可快可慢，幾小時後就能殺到羅馬尼亞或普羅旺斯，甚至丹麥，這樣的便利性確實很吸引人。不過不知道為什麼，那些有車的朋友卻老是讓我覺得：車子真是麻煩！他們花在汽油、保險、修車、租停車位、繳罰單等等上頭的錢，遠比我買火車票或偶爾奢侈一下搭計程車的費用，高出不知道多少倍。當然啦，還有時間，那些花在吵架、找停車位的時間——沒車的我通通省啦！

如果我從小住在郊區，或者更遠一點，比方說交通不便的鄉下，一天只有兩班接駁車能到通往城裡的電車站，如果我住得那麼偏僻，或許想法就會不一樣。或許吧！事實是，我從小就住在都市裡，青少年期大約有一半的時間住在慕尼黑，大一點時搬到了倫敦。在這兩個地方，開車根本是多餘。慕尼黑擁有非常完善的大眾捷運系統。要到鄉下，坐火車才是最好的辦法，因為車廂和火車站是我們認識這個世界的最佳工具，總比關在移動式的鐵皮屋（車子）裡，從世界呼嘯而過，把人跟歷史遠遠拋諸腦後來得好。

搬到倫敦後，就更不需要車了。倫敦簡直就是駕駛人的地獄。還沒到市區，外圍就開始塞車。倫敦根本沒有所謂的塞車時段，它一整天都塞，半夜才會稍微緩解幾小時。倫敦的外環道路雖然已擴充成八線道，車子依舊塞成一團。情況就像是有根軟管把倫敦包圍起來，裡頭的糊狀物正用極慢的速度，一丁點一丁點地從市中心擠出去。市中心有些路段要繳了錢才能進去，卻還是塞得動彈不得。不管在泰晤士河邊還是海德公園裡，整個倫敦的空氣聞起來都像是在加油站旁。

倫敦的字典裡根本找不到「停車位」這個詞。在倫敦還開車，這些人是不是頭腦有問題！但他們就是要開。或許，對他們而言，出門開車就像睡覺穿睡衣一樣，或像擦慣了哈利斯博士[1]的橘調古龍水，不擦會渾身不對勁。哎！其實只要不養成習慣，即便失去，也不會愴然若失。

像我，從來不會像駕駛朋友一樣口出惡言。再和藹可親、穩重的人，只要一坐上駕駛座，都會變成喋喋不休的鬥雞。聯邦道路管理局曾針對「道路交通攻擊性」做過一項研究，只不過他們的結論也未免太理智了：「若論及人們在道路交通中所產生的情緒，一般而言，只有在極例外的情況下，才會產生愉悅的情緒，大部分的情況都會產生攻擊性。」

如果拿德國的交通現況去對照德國的交通法規，我們真的要錯以為交通規則第一章是用來諷刺交通實況的：

（1）每個參與道路交通的人都必須時時小心，並注意彼此安全。

（2）每個參與道路交通的人都應該注意自己的行為，不可以傷害他人、危及他人，或者，除了當時狀況無可避免之外，不可以過分妨礙他人或造成他人不便。

---

1 倫敦一家擁有兩百年歷史的藥妝店，許多世界知名的藝人或明星都酷愛使用這家店的產品。

縱使不談交通，單在日常生活裡，第二點就很難做到了，更遑論人們鑽進有如銅牆鐵壁的車子裡，有了這層保護與武裝，大家的行為簡直就像在跟敵人作戰。透過十七世紀英國政治哲學家霍布斯的名著《巨靈》，可以了解到：早期人類的生活其實是「既骯髒又野蠻，而且還非常困窘」，所以人與人之間的關係很緊張，每個人都想把自己武裝起來，跟別人徹底區隔開來。不過這種武裝在汽車發明後才得以真正落實：汽車把所有駕駛人從禮教中解脫出來，大家不必再對彼此佯裝客氣了。

如果你想知道，在德語地區什麼叫做「開車不小心」，只需在德國境內繞上一圈，保證你立刻分曉。對面車道襲來一波波車燈，持續每小時一百五十公里的高速，車上載滿一家老小，一起往前衝、衝、衝——典型的德國現象。根據統計，每年約有百分之十到十五的交通事故會對人「造成傷害」，也就是說有人死亡或受傷，而且比例年年攀升，罪魁禍首就是「沒有保持安全距離」。說穿了，大家都很愛「擠來擠去」。

德國汽車俱樂部所屬的交通社會學研究中心之研究人員阿弗雷・富爾曾說：「一個國家裡有怎樣的駕駛，都是這個國家自己造就出來的。」德國造就出來的駕駛人，大多都是「承受著極大壓力、受過高等教育的人」。這些人總喜歡把壓力往肚裡吞，結果讓自己活得像個隨時會爆炸的壓力鍋。喂，這可會嚴重危害到他人安全耶！

愛車還是愛我？

當無車階級越久，我就越覺得，開車真的不是一件好事。不僅實際上如此、理論上如此，就藝術觀點而言也是如此。一九八六年冬天，我很慶幸在慕尼黑市立博物館看到一場展覽，這場展覽給了我莫大的啟示。它的主題下得真好：「汽車噩夢——百年歷史的發明及其影響」。這場展覽以上百幅相片記錄：汽車如何「居功厥偉」又有系統地醜化我們的居住環境和原野風光。

每當我們開在四線道的高速公路上，行經古老的臼形山谷區時，或許我們會感嘆：從前這裡的景色一定很美！（不過通常我們不會想到啦。）但在展覽中只見得到各城市的典型景象，並沒有刻意突顯道路建築的醜陋面；事實上，展覽只提供了一些很生活化、很平常的相片，比方說停滿車子的市集廣場、再普通不過的都會十字路口，或建於科隆大教堂底下的室內停車場。

全民開車無疑是導致都市不斷向外擴張、鄉村急遽消失的主要原因。從數百年前開始，一直到二十世紀中葉，也就是汽車時代來臨前，城鄉的區隔本來很明顯。但在此之後，兩者的界線就越來越模糊了。都市不斷向外擴張，原本面貌多變的鄉村景致，變成了千篇一律、別無風味、滿布馬路與外環道的都市郊區。如今，全民開車更成了德國人最基本的意識形態。

從一九五五年，第一百萬輛福斯金龜車問世後，私人小客車的數量就不斷上升。到了一九五八年，德國境內有三百一十萬輛汽車，五年後增加為兩倍，也就是七百三十萬輛。一九七八年跨越兩千萬輛門檻，到一九八六年甚至超越了舊西德的總人口數，也就是超過了三千萬輛。根據二〇〇四年的統計，已增加為五千四百萬輛。

車子變多了，相對的馬路和高速公路的數量也要增加。六〇年代的總理施密特曾看準了社會大眾需求，喊出這樣的政治訴求：「每個德國人都有權購買一輛屬於自己的車，因此要替每個人修築馬路。」於是，一九七七年聯邦交通局提出了「至一九八五年為止之聯邦道路聯合投資案」，德國三大主要政黨異口同聲地說，他們的目標都是：「讓所有德國公民的家門口都能直通高速公路，而且距離絕不超過二十五公里。」自此，家門口直達高速公路便成了德國公民的基本人權。

這些對「汽車友善」的政策與立場，讓德國小客車量遠比全國戶籍人口還多，足足多了五百萬。對許多家庭而言，每個月固定扣繳的汽車貸款，早就是理所當然的支出——而且汽車公司真好，竟攬下所有麻煩的貸款手續。但在買車或租車後，因為經濟狀況不佳，而被貸款或租車費用壓得喘不過氣來的也大有人在。

在全民開車的想法不變的情況下，除了買車之外，大家還更進一步講究流行：在一望無際的鄉間順著柏油路開，爬上寬廣的坡道，一路向前，啊，終於到了自己的雙拼車位——這種地形最適合開四輪傳動的越野車了。至於在城裡，當然要開最豪華的大轎車囉，而且越大越好！大轎車的好處，在於能夠調劑你的生活；唯有開這種車，才能在下班後為了找停車位繞遍大街小巷，認識原本沒機會認識的周遭環境。至於血氣方剛的年輕小伙子，最好的選擇就是雙人跑車，這種拉風款式最適合在週末時和朋友去兜風了，但先決條件是他們也都要有車。

當然，車子還可以運送笨重、大件的物品，或充當接送客人的工具，但這只是附帶功能，車主有時壓根忘記它還有這些用途。車子成了大家最鍾愛的玩具，甚至成了「地位崇高」的家庭成員。始作俑者就是歐寶的一則「幽默」廣告：有個模樣滑稽的父親坐在駕駛座上，年約三十五歲左右，穿著一套棕色西裝，斜後方的兒童座椅上有個小孩，顯然是他兒子。「爸爸，你比較愛車，還是愛我？」小孩問。「當然是你囉，菲利浦。ㄟ——我的意思是奧利佛。喔，我在說什麼啊……當然是米歇爾！」其實，德國人的愛車表現，反而對車子是一種莫大的污衊。

因為有品味，所以才不屑

在「汽車噩夢」展覽期間，我同時迷上了羅爾德・達爾2寫的奧斯華舅舅的故事。奧斯華舅舅是個品味超群的紈褲子弟，不過常鬧笑話。他帶給我的影響，甚至比我的親舅舅們還大。故事中，奧斯華舅舅駕著他無與倫比的蘇丹金龜車，實際上是一輛拉貢達跑車，他開車環遊世界，準備挑戰種種不可能的任務。自從讀了這本書之後，我就對開車更沒興趣了，因為我這個人很務實，自知這輩子絕不可能買得起一部拉貢達，它卻是這世上我唯一看得上眼，並且真正充滿美感的車。

我有好幾年都討厭車子，連我自己都逐漸相信，我一定是個「反車主義者」。但是，與藝術評論家兼「汽車哲學家」尼可拉斯・馬克談過一席話後，我的困擾不藥而癒了。他說：那些敢大聲反對全民開車的人，不但不可能是反車主義者，還可能是真正的愛車人士。因為只有他們懂得將車子視為提供享受的高級設施，並且了解車子根本不適合當交通工具。他解釋：「你捨得每天喝掉一瓶法國的波爾多紅酒嗎？比方說佩楚或白馬堡這些頂級酒？同樣的道理，你不該經常開車，應該偶一為之，而且要有自覺，只在空曠的海邊或山區開。」其實，車子的問題並不在於開的是義大利跑車瑪莎拉蒂，還是阿斯頓・馬丁這些純粹用來享受的名車，而在於那些數以百萬計，讓我們的街道為之癱瘓的歐寶、福斯，或BMW。

車子只有兩種，要麼視之為純粹的奢侈品，完全不具實用價值，我們熱愛它，只因為它能為我們帶來快感。或者剛好相反，被視為純粹的實用工具，對它完全不帶任何感情。介於兩者之間模糊地帶的車真是要不得，活像發霉的腐木或羔羊皮，臭得讓人無法忍受。不過嚴格說來，豪華名車的時代已經過去了；大量製造的車子怎麼有資格自稱是豪華名車呢？

在二〇年代，德國第一批電影紅星和娛樂圈名人的車子，可都是量身訂製的呢！據說安娜·赫爾特可以在她那輛改裝過的雷諾轎車裡，宴請三個人共進晚餐；當時最偉大的脫口秀明星佳比·德斯里甚至在車裡蓋了浴室；默劇時代英國最偉大的女演員之一菲莉絲·達爾，據說還在車後加蓋了一個專門載傭人的棚子，只要車一停，傭人就能立刻跳下來為她服務。這裡所講的豪華車，乃是指代表了某種設計高峰、成為那年代象徵的車款，這種車才夠資格被稱為稀世名車，絕非舞廳老闆人人一輛的高價車。

一個人如果錢少，品味高，他能選的車還真是不多。大部分夠格拿來享受的名車都

2 Roald Dahl（1916-1990），英國著名童書作家。電影《巧克力冒險工廠》的原著作者。

貴得嚇人。我就有這樣一個朋友，他對豪華轎車情有獨鍾，卻只買得起寒酸的小陽春車。他常在腦子裡設想，如果自己真的買下一輛俄國製的二手車，之後肯定要後悔，因為他一定會覺得它其醜無比。於是乎，他鐵了心慢慢尋覓。有一天真的讓他在二手車市場上找到一輛從印度外交部榮退下來，被賣回波昂的禮賓車。如今他開的，可是印度總理甘地接待外賓用的禮賓車呢！什麼賓士豪華車，跟他的一比，簡直俗不可耐——更值得誇口的是，價錢竟然只是一輛小小雷諾的錢。不過，這種好運當然不是天天有。這種高級禮賓車，在二手車市場裡其實難得一見。另外，那種充滿品味、價格也符合窮人需要的名貴跑車，在舊貨市場上同樣難求。如果哪天真的讓你碰上愛快羅密歐2000GTV，或者是一九七三年出廠的保時捷911Targa（Cabriolet），那麼它們的引擎噪音保證能媲美整座羅馬城夏天塞車時的分貝。

對我們這些變窮了，又基於某種「不得不然」的原因，無法放棄開車的人而言，「二手車」可提供的選擇確實比較多。但切記，逛二手車市場時，一定要對車子保持一種適當的「藐視」，如此一來，你的眼光才能萬無一失。只要你徹底看扁它，再爛的車，你都會發現它的可取之處。我們可以從義大利人身上獲得許多啟示：雖然許多全球最美的車都是義大利人設計出來的，但說到買車，義大利人通常給自己買小車，而且為了彰顯自己的義大利紳士風範，他們通常表現得非常小氣，不但酷愛討價還價，還當著車主的面，把車子嫌得一文不值。

提到「態度堅定的策略性嫌車高手」，我有位女性友人絕對堪稱箇中翹楚。此姝名喚夏綠蒂，她是我所遇過的人中，對自己的品味最有自信的人，她卻從來沒開過昂貴的車，或者說，「正因為有品味，所以才不屑」。不但如此，她簡直就是徹底地奉行「貧民化」。有一次我搭她的便車，才剛進到車裡，天啊，車裡的垃圾簡直淹沒了我的腳踝。環顧身邊的垃圾，不難想像這個人平素的生活習慣。三年後，我又有機會搭她的車，跟上次一樣，我還是坐在駕駛座旁。這時我突然想起，上次我好像在這裡掉了一個打火機。於是我開始搜尋，果然！還原封不動地埋在一九九七年的那層堆積物中。

在我們這附近，大家有很長一段時間只開兩種車。這兩種車清楚地說明：如果你只是需要一輛車，方便來回父母家和工作地點，那麼管它什麼車通通一樣。這兩種車就是雷諾四號和雪鐵龍2CV（也被戲稱為「鴨子」）。這兩款車堪稱是「反車設計」的最高傑作。記得當初雷諾四號剛上市時，專欄記者還戲稱它為「雨傘進化史上的終極成果」。事實上，雷諾四號證明了一件事：省掉不必要的花俏，回歸全然的功能性，還是可以設計出品味十足的車子。值得一提的是：它跟鴨子不一樣，沒有背負任何政治色彩，既不支持煤炭，也不表態反核。雷諾四號沒有用任何政治口號做廣告，很單純的就是一種移動工具，單純到不能再單純，無非是在彰顯：石油也能驅動「高雅含蓄」的氣質。

目前鴨子和雷諾四號都停產了，這種低價車從此再也沒出現過。但歐洲各大車廠近年來皆以研發低價車為目標：價位低於五千歐元的車款，並為此展開競爭，因為他們想藉低價車搶攻中國市場。其實歐洲市場也很需要這種車，汽車公司的專業經理人一致認為：低價車乃未來的市場主流，因為它們比較省油。不過，情況也可能恰好相反（而且可能性還非常高喔）：不久之後，開車非但不會越來越便宜，反而會越來越貴，甚至可能貴到讓那些沒車、早就放棄開車的人，慶幸自己有先知灼見。對我們這個社會而言，好日子已接近尾聲——雖然當初多虧了汽車工業，我們才能享受到那樣的富裕繁榮。幸好在我們的社會「家道中落」後，車子反而有機會再度回歸最初的美好定位：完全不具實用價值的奢侈品。

08 度假讓你變笨

這件事早就不流行了，不是嗎？

——時尚大師卡爾·拉格斐對旅行的看法

科學老早就證明：度假回來，人會變笨。如果度假長達三週，而你又不知自我警惕要常保清醒，回來後，保證你智商比出發前降低百分之三。假設你一年做十次這種會讓你變笨的旅行，結果會有多可怕？簡直不堪設想。比方說，有個人春天到卡布里島，夏天在薩丁島，秋天到西班牙的馬貝拉，冬天又去瑞士的溫泉度假聖地恩加丁，一整年下來，足足可以折損百分之三十的智商。

旅行有種種致命的吸引力，比方說：拜訪美麗的陌生國度，沙灘上舒適愜意的美好生活，郵輪上、五星級飯店裡的豪華享受，泳池畔啜飲充滿異國風味的雞尾酒，還有各式各樣有關旅遊的美好傳說，其實都是「意識形態工業」對我們洗腦的結果；它一直在對我們塑造一種不實的印象：旅行本身充滿了魅力，值得我們去追求。

「旅遊」這個詞在一八一〇年首度出現在德文字典裡，從此就引來無數批評與嘲諷；這個詞才出現三十年，德國寫實主義小說大師馮塔納（Theodor Fontane）就抱怨道：「大眾旅遊幾乎成了我們這個時代的特色。以前只有少數獨特的人才能旅行，但現在，阿貓、阿狗、每個人都在旅行。」

其實馮塔納所言差矣，他所提到的旅遊「美好過往」根本不存在了。從前只有為了治病、療養，或者為了朝聖，或者是強盜、土匪、商人諸類，才會不辭艱難踏上旅程。當時的旅遊一點都不享受，還要擔心受怕，因為旅途上真的非常危險。出發前，每個人都會把刀子磨利，道別時更心知肚明：這一去或許就沒有機會回來了。一直到十九世紀中葉，也就是所謂的「現代初期」，若沒有不得不然的理由，只是為了旅行而旅行，這種人一定會被視為瘋子。

其實這種「為了旅行而旅行」的荒唐行徑，乃英國有錢人的發明，說得更清楚點，就是那些有錢人家的第三個兒子或第五個兒子，那些整天遊手好閒、無所事事的公子哥兒。這批人沒事就喜歡穿著燈籠褲翻山越嶺，照著所謂的旅遊指南尋幽訪勝，找什麼遺跡啊、廢墟的啊。一般老百姓看到上流社會如此酷好冒險便群起效尤。其實，我們今天所謂的旅遊，不過是當初英國上流社會「最時髦」的玩意，也就是環遊世界熱潮的延續，與其說是時髦，還不如說是荒唐。說真的，今天還在仿效英國紳士幾百年前的荒唐行徑，這不是誤入歧途是什麼？

比方說，他們當初喜歡到肯亞去，在滿是河馬的湖邊灌木叢中，搭起一個「芬奇．赫頓營地」，其實就是修改版的打獵營地。丹尼．芬奇．赫頓（Deny Finch Hutton）乃英國紳士之超級代表，也是在非洲搭蓋豪華帳棚的始作俑者；波斯地毯、裝有波爾多紅酒的水晶酒瓶、全套桃花木高級家具，他的營地可謂無所不有、奢華無比。在薛尼．波拉克執導的《遠離非洲》裡，勞勃．瑞福飾演的就是芬奇．赫頓，只不過分身和本尊大異其趣。電影裡風流倜儻的浪子，在真實世界裡卻是個有點陰柔的社會邊緣人，或許正因為這樣，他才會想要躲到肯亞去。你可以想像成像德國名服裝設計師穆沙姆[1]這樣的人跑到非洲度假的模樣。在大英帝國殖民時代後期，有無數這種無法見容於英國社會的

1 Rudolph Moshammer（1940-2005），喜愛浮誇排場的時尚怪癖，是個特立獨行的公眾人物，總是與旁人和周遭環境格格不入。

紳士，大老遠跑去遙遠的異鄉逃避現實。他們的頹廢行徑就像在預告著：好日子即將過去——大英帝國氣數將盡啊！

度假村大奇觀

生活優渥的英國紈褲子弟整天沒事幹，從前他們用來打發時間的活動，如今竟發展成每年消費人數高達數百億的大眾旅遊業。為了讓「靈魂獲得洗滌」，有的人喜歡到海灘度假，甘願身受暈船之苦；也有人喜歡造訪各大城市，甘願讓自己像被趕鴨子似的，景點一個趕過一個，而且每座高塔都要爬，每間市政廳都要繞，幾乎要把自己活活累癱——西歐富人花大把大把鈔票旅遊的結果，就是換來一大堆活受罪。

更不可思議的是，平常省吃儉用的人，一度起假來就揮金如土。「沒關係啦！難得度假嘛！」一度完假回來之後再抱怨：怎麼玩了一趟，荷包全空了，精神沒有恢復，人也沒有休息到！從前德國人到奧地利、義大利、希臘，或西班牙度假，必定會有「賭博症候群」發作。感謝上帝！歐盟各國統一使用歐元！這讓德國人一擲千金的暴發戶行徑終於有了節制。但是，旅遊最吸引人的地方依然是：身為遊客，你可以稍微例外一下，放縱一下！比方說，盡情地給它喝個夠，不管是甜得叫人難以下嚥的蘭姆飲料，還是酒精濃度高得嚇死人的劣質燒酒，度假期間全都來者不拒——可是這些東西你平常根本不會去碰。住在飯店這種「高級地方」，就是要這樣享受嘛！哎，瞧大家那股欣喜的勁兒。

讓大家把「旅館」視為時髦的度假天堂，同樣是娛樂工業變出來的把戲。在旅館史上，地方旅館常久以來都是人生地不熟的外來客臨時投宿的地方。一直到今天，這種小旅館的性質還是如此。所謂豪華、時髦的旅館，指的是那些奢侈的大飯店。若要認真論起，其實只有一九一〇年到一次世界大戰前，那短短四年間所設立的豪華旅館，才稱得上是摩登大飯店。當時那些飯店就像郵輪一樣，都是在社會造成轟動的新玩意，很快便擄獲上流社會和最最上流社會的心。一次大戰之後，飯店文化又捲土重來，興盛時期大約從二〇年代中期一直維持到一九二九年世界經濟大蕭條為止。然後，豪華飯店的輝煌時期就徹底結束了。

如今全球連鎖的經營模式，讓每間飯店的布置與陳設變得千篇一律。在德國渥夫斯堡住的高級飯店，和在吉隆坡與溫哥華的如出一轍——雖然根據價目表上的分類，這種房間已經算是「頂級」套房了，但說真的，坪數還比不上德國葛莫斯巴赫這種小地方一間民宿旅館的雙人房。房間裡通常會放一架很小的電視機，就放在迷你吧台上，上頭還會放一些蘋果汁、柳橙汁、啤酒、礦泉水和蘇打水。可是電視不能看，窗戶打不開，空調設備又吵得要死。只有在阿拉伯國家，電視機上才會特地標明色情頻道在第幾台。

至於所謂的度假村，情況就比地方小旅館還要更糟，簡直只能用「恐怖至極」來形容：完全根據「義大利鄉村風格」打造出來的中庭廣場。（等等，天啊，我們是在埃及的夏姆希克耶！）而且廣場上會「意外地」坐落著一堆二十四小時全天開放的商店，還有七家「無奇不有」的美食餐廳。為了讓父母安心消費，所有小孩都會被自動帶開，不是附設了兒童俱樂部，就是安排了某些教學觀摩，反正絕不會讓他們打擾到父母。度假村為旅客們精心規劃的行程，根本就是要讓旅客覺得：這附近真的沒有什麼值得看的地方，還是留在度假村裡吧——除非是度假村自己「特別」安排的景點。為了讓旅客賓至如歸，旅館經理就得發揮所長啦，他會使出渾身解數，製造出一個真實世界之外的購物天堂。

如果真的完全不想受到真實世界干擾，那麼，搭乘郵輪就更萬無一失了。而且，郵輪乃「最純粹的」團體度假形式。有一次（我要先聲明，我可不是為了個人享受，而是純粹為了採訪所需），我搭上了一艘號稱全球最大的郵輪，名為「珊瑚公主號」——幸好這艘郵輪沒有淒美地撞上冰山。據說它淨重就有十二萬噸。「淨重」乃衡量一艘郵輪豪華程度的最重要標準，然後呢，就要看它能提供多少甜點。

對熱愛「海上生活」的人來說，搭船旅行真是太理想了。你可以從早到晚，整天盡情享受輪船公司為你安排的活動：一早起來吃早餐，接著午餐，然後喝下午茶，咖啡配蛋糕，然後吃晚餐，接著又是宵夜。至於中間的銜接時段，每二十分鐘就有一輪點心時間，由「附設餐廳」提供二十四小時開放式的自助餐，遊客可任意享用；這裡的食物之多，據我目測，大概夠全世界三分之二的人吃。菜色應有盡有，根本不必點，通通擺在你面前，簡直令人嘆為觀止。不過這也不足為奇，那貴得嚇人的旅費本來就該包括這些。

下船參觀的時候，如果想把你的小車開上岸，就得先過磅秤。就算你真的大費周章讓車上了岸，也受不了它在岸上待三、四個小時，因為停車費太貴了。旅客自己開車上岸，可會嚴重危害到「包租公司」分秒必爭的獲利狀況。一般而言，下船參觀時，一定早有大型巴士等在那裡了。旅客們會被迅速帶往「典型的」手工藝特產中心，大家可以在那裡買紀念品或木雕——說也奇怪，為什麼這裡的木雕會跟牙買加，甚至和義大利陶爾米娜賣的通通一樣呢？可能全都是來自香港或台灣的加工品吧！

大多數的豪華郵輪都設有迷你高爾夫球練習場、游泳池或健身房，可惜，這些設備通常沒人用，因為郵輪上還有許多二十四小時營業的「附設商店」，而且這些商店都是免稅店呢！也就是說：你可以在這裡買一堆根本用不著的東西，然後付上比一般購物中心昂貴一些的價錢，優點是，你可以免費得到一個印有「Duty Free」字樣的購物袋。至於那些不喜歡上「附設商店」，也不喜歡去「附設餐廳」的遊客，通常會留在甲板上，企圖用最短時間，讓自己擁有完美的古銅色肌膚。最喜歡參加郵輪旅遊的族群是退休老人，或許是因為：旅行後回到家後得好好休養生息，只有他們才有那種時間。

空中飛人不可取

如果你真的不怕累，也不覺得休息很重要，那麼建議你搭飛機。這種旅行從「趕搭飛機」開始：為了準時到達機場，你得摸黑四點就起床。根據歐洲航空交通管理規則中某條重要的不成文規定：搭乘飛機的旅客必須提早到達飛機場，而且務必要花至少一個小時排隊劃位，然後再花兩個小時去逛免稅商店購物，這樣才不會枉費機場當局的精心規劃。經過數小時考驗，好不容易終於進到機艙坐下。結果，左邊坐了個豬小姐，右邊的乘客可媲美《星際大戰》的惡蛞蝓——赫特族賈霸。賈霸不但占據了整個右手邊的手把，還幾乎霸占掉你一半的座位，但是所有空服人員的注意力只集中在一件事情上：旅客有沒有把椅背調正。

飛機起飛和降落時，座椅必須豎直，這條規則的存在，似乎只是為了刁難乘客。試想，三公分左右的傾斜度，對起降安全會有影響嗎？根本沒差！真正發生空難的時候，管他椅背端不端正，垂直的、斜的，結果通通一樣。但是空服人員堅決的態度就好像：老娘寧願被扣薪水也不放過你們這些傢伙！

有了網際網路後，現在你可以在家裡舒舒服服地上網訂機票，影響所及，又出現了一種新族群：空中飛人。現在，一到週末就會有一大堆來自曼徹斯特或倫敦的醉鬼飛往比薩、布拉格或巴塞隆納。對這些英國酒鬼而言，飛到布拉格去度個小週末、徹底放浪形骸一番，甚至比留在國內小酒吧還要便宜。幾杯捷克啤酒下肚後，只見他們一個個東倒西歪，不是在溫澤廣場上踉蹌而行，就是不支臥倒在卡爾橋上。那些到南歐旅行的英國佬也同樣常常因為喝醉酒打架而鬧出人命，打群架更是時有所聞。單是在西班牙地中海岸邊的觀光城市，每年就有超過六百名的英國觀光客會因酒醉鬧事而被逮捕。二〇〇三年夏，更有一名英國女觀光客在柯孚島上百名酒醉者的鼓譟煽動下，當街為另一名英國觀光客口交，此等傷風敗俗之事當然立刻引起希臘社會一片譁然與同聲譴責。

大約在七〇、八〇年代那段期間，當個「空中飛人」其實跟社會地位及工作很有關係。這讓我想起家族裡的一位朋友，此人名為波布西，已經過世了。他常會從口袋裡掏出一大疊厚厚的機票，然後哀聲嘆氣說，他明天又要飛去墨西哥了，接著要再飛玻利維亞首都拉巴斯，三天後又得飛哥倫比亞首都波哥大，兩個禮拜後才能回來，但一回來又得馬上趕去巴黎。今天如果有誰像他這樣忙得像無頭蒼蠅，肯定會被人笑死。像這種空中飛人，幸運一點的話，或許有人會同情他，但這種人通常只會被大家嫌棄討厭。不過，他們也有他們的好處：他們坐飛機不用錢。公務出差自然是公司付錢，而且幾年下來，他們累積的飛行里程數之多，航空公司得回饋他們一輩子也用不完的免費機票。不過這種人實在很可憐，老是看他們在旅途上行色匆匆，還經常氣急敗壞地對著手機咆哮：「跟他們講，這個會議我趕不上了！」

說到飛機，怎麼能不提協和客機呢！以人類學的觀點來看，協和客機停飛真是令人扼腕。還記得以前在倫敦希斯洛機場，透過落地玻璃窗看見名模凱特·摩斯在十七位戴著太陽眼鏡、身穿黑衣的壯漢簇擁下，由窈窕的空中小姐引導登機，展開三個半小時就能抵達紐約的飛行。不過，有時候也會看見他們半小時後又折了回來。候機室裡每個人都氣急敗壞，原來客機出了點小小的「機械」問題。

既然便宜的大眾旅遊沒格調，繁忙的空中飛人不可取，那麼想當然爾，全球三大旅遊市場——北美、德國與日本——最新的休閒趨勢就是「不搭飛機」囉。如今有主見的人，全都變成「不愛旅行的人」了。喋喋不休地炫耀自己在洛杉磯或紐約的種種見聞，或一臉陶醉地述說自己在「峇里島夢幻沙灘上」的頂級享受，這些人，只會讓人覺得可笑、沒見識。大家似乎漸漸覺悟了：快樂並非能跟旅行社買得到。既然有錢人都開始這麼想了，窮人也會很快地群起效尤。到時候，大家通通會對旅遊不屑一顧——這種情形好像叫做「擴散作用」，不是嗎？

新潮的周遊列國方法

唯一讓人覺得還能忍受的旅遊方式是：長時間停留在一個地方。哥倫比亞的哲學家尼可拉斯．翚梅茲．達維拉（Nicolás Gómez Dávila）曾說：「唯有充滿智慧的人和純真樸實的人，才會懂得『定性』的重要。庸俗之輩總是很浮躁，喜歡在旅途上徒勞奔波。」在陌生的國家停留幾星期，乃至幾個月（無論是為了增長見聞、工作或留學，甚至只是拜訪朋友），這種旅行型態，絕對不同於時下走馬看花、匆忙慌亂的膚淺觀光。這種旅行方式其實在古代也非常流行，連帝王后妃也喜歡，但他們通常是從一個行宮移駕到另一個行宮去。他們還會送皇子皇孫到別人家的城堡去看看外面的世界，也就是古時候常說的「周遊列國」，這樣才能讓孩子跟得上「時代」，稱得上「上流」！

這種旅行的現代版稱為「出國進修」或「休假研究」。做出國進修的是高中生，做休假研究則是大學生或社會人士。這兩種旅行不同於那種膚淺的度假，因為這些人會花個一年半載的時間遠赴亞洲或非洲，深入了解異國文化。只有當你一定程度地融入當地生活，成為當地人的一份子，才能真正對他們有所了解，這是僅以旁觀姿態站在一旁「觀光」的人所無法體會的。

對我們這些變窮的歐洲人來說，到國外長期居留其實很值得推薦。歐洲幾個核心國家的物價實在太高，不管再怎麼節省，日常開銷還是很大。如果人到國外去，讓國內的房子出租，不但能夠省錢，甚至還能賺到錢呢！闊綽地在伊斯坦堡或開羅過一個月，甚至比在慕尼黑苦哈哈地過一星期還便宜。

許多藝術家、騷人墨客從前的夢想之都，例如巴黎，如今的物價也變得很貴了，但無妨，地圖上又出現了許多新標地：比方說，愛沙尼亞共和國的首都塔林，舊名雷維爾，是一座保存得非常完整的中世紀古城——德國境內已經找不到保存這麼完整的古城了。或是保加利亞的首都索非亞。如果你事先訂票，而且不要選在旺季，坐火車去那裡真的很便宜。坐上國際快捷到南斯拉夫首都貝爾格勒換車，再經過二十四小時的火車冒險，就能到達索非亞了——一個過去由沙皇統治，擁有全歐洲最古老教堂的城市。途中能看見無數伊斯蘭教寺院和充滿異國風情的東方市集，地鐵車窗上掛著古色古香的窗簾，供應著全世界最好喝的咖啡。

直到六〇、七〇年代，歐洲各地都還有許多獨居老婆婆會將多餘的房間分租出去，或將小公寓出租。小說看太多的人或許會認為這種房東總是既刻薄又小氣。不過這種地方卻提供走投無路的破產者、一文不名的窮人，當然還有窮藝術家跟學生一個便宜的窩。其實，今天在許多地方，我們還是可以找到這種出租公寓，租幾個星期或幾個月的錢，比那些號稱便宜的旅館還要實惠。租這種小公寓還有一個好處，由於如今已經沒有老婆婆為你準備早餐了，你得自食其力，在陌生的城市裡自己打理三餐。正因為如此，你不可能會用觀光者的眼光去看待這裡的商店和市集，而是會務實地用當地人的心態去接觸生活、融入其中。

德斯．艾賽特斯的英國之旅

這樣的旅行方式才能真正充實人生、豐富生命。更重要的是，這種旅行方式絕不可能讓你一年玩上個四、五趟。其實，**旅行的重點真的不在於一直變換地方，而在於張大眼睛、打開心房，用心體會你所行經的世界，不要當個走馬看花的觀光客。與其「盲目度假」，還不如留在家裡**。留在家裡的好處不勝枚舉，比方說，可以不必拜訪各地名勝古蹟，省掉趕鴨子似的觀光行程。其實，比薩人不會想去爬比薩斜塔，巴黎人根本沒興趣攀登艾菲爾鐵塔。只有成為「觀光客」之後，大家才會突然一反常態地爭先恐後做這些事。或許在潛意識裡，大家根本就知道度假毫無意義，所以才要藉由這些趕鴨子似的參觀活動來掩飾自己的不安。

為了獲得真正的快樂，切記，別接受休閒工業為你規劃的夢想，你要發展出屬於自己、真正有辦法實現的夢想。或許我們可以不必像于斯曼（Joris-Karl Huysmans）小說

《逆流》（*À rebours*）中的主人翁——德斯．艾賽特斯那樣極端，卻可以從他身上獲得許多靈感。德斯．艾賽特斯是個法國貴族的後裔，生性內向又超級多愁善感，他完全拒絕旅行，因為他覺得，住在巴黎郊區，他需要的東西通通都有了，什麼也不缺。但是有一天，他讀了狄更斯的作品，開始夢想自己有趟美好的旅行，他想去英國。於是他吩咐僕人幫他準備行李，並告訴震驚無比的僕人說：他要出遠門了，也不知道自己會去多久，什麼時候會回來，也許一年，也許幾個月，也許幾星期。

於是德斯．艾賽特斯跳上了開往巴黎的火車。到了巴黎後，又直奔巴黎市中心的名店街瑞沃利街，買了本倫敦旅遊指南。當天巴黎下著滂沱大雨，似乎在為他即將展開的旅程預演。正式出發前，他上酒吧喝了兩杯英國紅酒。喝完後，他決定上英國餐館飽餐一頓，於是又進了英國餐廳；夾身在一堆英國佬當中，大啖英國美食、英式啤酒。酒足飯飽後，也感受夠了英國氣氛、英國腔調、英國紅酒、英式啤酒，德斯．艾賽特斯已經精疲力竭了，還錯過了開往北部海港迪耶普的火車——他要從那裡搭船去英國。於是德斯．艾賽特斯滿心歡喜地改搭火車回家，心中毫無遺憾。他不必千辛萬苦地去旅行，卻已經歷了這麼多，啊，太完美了。其實在他腦海裡，他已經去過英國了，大雨、濃霧、喧囂擁擠的大都會。「現在哪裡還需要千里迢迢去英國，讓蹩腳的旅遊經驗破壞這些永誌難忘的美好印象。」離家幾小時後，德斯．艾賽特斯再度提著行李、包裹、皮包，拄著手杖出現在家門口。僕人目瞪口呆地看著他：他看起來真的像經歷過一場漫長而艱辛的旅途，終於回到了溫暖的家。

今天有許多義大利人也頗有德斯．艾賽特斯之遺風，只可惜他們的出發點不太一樣，他們有錯誤的自尊心在作祟。義大利有一種在其他歐洲國家很難找到的特殊現象，也就是「佯裝度假」。義大利人會打開電話答錄機，將盆栽託給鄰居照顧，把冰箱塞滿食物，租一堆錄影帶叫孩子安靜看電視，然後足不出戶，全家人一起隱居兩個禮拜。據說每年有近三百萬義大利人躲在家裡「佯裝度假」，因為他們沒錢去度假，而沒錢去度假是極其可恥之事。喔，拜託！有沒有人趕快去跟那些義大利人講：現在走在時代尖端的人，就是那些不去度假的人哪！

09 國王的舊衣

我心目中最完美的時尚典範是德豐希爾公爵：他衣服的袖口和衣領幾乎磨破了，好似他總是把衣服先拿給他的園丁穿，等他們穿過一年後再拿回來。這才叫做「品味」，現在你們懂了吧！

——聖羅蘭倫敦分公司負責人蘭德勒斯漢夫人

這一章的內容不多，有關衣服的事本來就不該多談，談多了反而像穿得不得體一樣惹人嫌。如果你在衣服上花太多心思，尤其是男人，真的會像時下年輕人說的那樣：遜斃了！理由很簡單：老是攬鏡自照，老是在鏡前和衣櫃間奔波，這種人肯定喪盡自信，又怎麼瀟灑得起來？人要衣裝——錯了！一個人，無論給他再合身的西裝、高級的襯衫、絲質領帶、名貴鞋子，只要他穿得不自在，再怎麼看都會像是達賴喇嘛穿花襯衫。其實，穿著優雅得體的關鍵只在於怎麼穿，而非穿什麼。所以，普天之下絕沒有「放諸四海皆準」的穿衣哲學或標準。

我有個朋友，每當他心情壞透了，唯一能拯救他的辦法就是盛裝打扮。當夏天室內溫度高達三十二度，每個人都穿短褲、汗衫時，他卻會頂著透支帳戶和宿醉後昏沉沉的腦袋，穿上夏季西裝，繫上領帶，全副武裝地上街去。在心情壞透的日子裡，唯有如此才能讓他恢復平靜。天氣越熱，他越覺得自己快要崩潰了，領帶就勒得越緊。另外還有一個朋友，堅持上班時一定要穿得西裝筆挺，但西裝穿在他身上，無論怎麼看就是不對勁。週末他換上休閒襯衫和牛仔褲，頓時整個人容光煥發，反而顯得瀟灑迷人。

所以，切記**穿衣服最重要的原則：是你在穿衣服，不是衣服在穿你**。只有懂得適度用「健康方式」藐視衣著的人，才有可能穿出品味。其實大多時候，「太樸素」總是好過「太過刻意」。有很多人喜歡藉由衣著來強調某些訊息：「你看，我還年輕得很呢！」「你看，我穿的衣服都很昂貴！」「你看，我一點都不在乎怎麼穿！」其實，「衣服」本來就不該成為注意的焦點。

刻意擺出姿態，告訴別人自己不在乎穿著的人，其實對自己的品味很沒自信。任何一種刻意——無論是刻意裝做不在乎，抑或是刻意精心打扮——只要心存刻意，就不可能散發出優雅的氣質，真正的優雅必須不帶絲毫勉強。穿得光鮮亮麗，像剛從男裝部打理好門面出來，這種人的品味高低不言自喻；你一眼就可以看出，他努力地想要告訴你：我很有品味喔，我又買了新衣服。

另外還有一種喜歡追求「頹廢優雅」的假紳士，其用心也跟前者一樣路人皆知；你可以從這種人身上清楚地感覺到，他希望你推崇他的品味，亦即他「努力」的成果。我在柏林就認識這樣一位畫廊老闆，他總是費盡心機讓自己看起來很像「鄉村貴族」。他皮夾克的袖子上總是滿布磨破的痕跡，但是聰明人一眼就能看出，那件皮夾克根本是新的，絕對不可能磨成這副德行。像這種人，最配他的車款就是吉普車，可以讓他偶爾到郊外去沾沾泥巴，好讓自己看起來像是剛從領地巡視回來的模樣。

而且我覺得，男人到了一定的年紀後，衣櫃裡的衣服就應該已經累積到一定的收藏量，往後買衣服只是為了汰舊換新，而非要藉新衣服來「驚世駭俗」。不懂得遵守這種「極大化」原則的代表人物，就是德國前國防部長魯道夫．夏平。他竟然在最昂貴的男士仕服店裡，讓人為自己從頭到腳打理新行頭。此貽笑大方之舉，或許才是導致他下台一鞠躬的主因。

沒錢，越要注重品質

若說到女人的衣著，那又另當別論了。著名的經濟史學家宋巴特（Werner Sombart）認為：資本主義之所以興起，全拜女人之浪費天性所賜。宋巴特還說，如果在十五、十六世紀時，女人沒有瘋狂地迷上甜食，全球就不可能出現驚人的糖、可可、咖啡、茶葉之貿易量。這些奢侈品的交易，以及其在殖民地的大量栽種和生產，都是促成資本主義興起的最主要因素。根據宋巴特的看法，所謂的「現代精神」，其實是從「奢侈浪費精神」裡衍生出來的。而這種奢侈浪費的精神，乃女性影響世界發展史的重要一環。

每當我望著我太太的鞋櫃，我就更加確信：「宋巴特說的真是沒錯！」雖然她已經買得有點「彈性疲乏」了；最近她甚至還說：「我的鞋子已經夠多了。」的確，她現在買鞋子的數量在不斷遞減中，完全符合時代潮流。不只我太太，就連她那批姊妹淘們也全過了「逛街買衣服，回家直接丟進衣櫃，讓它永不見天日」的階段，原因很簡單：把逛街買衣服當心理治療的時代已經過去了。這種奢侈的行徑，如今已昂貴到讓人無福消受。有趣的是，從前她們為了名家設計的衣服得花大把大把的鈔票，如今不必了，卻也沒有人覺得自己穿得比較差。

對那些酷好穿漂亮衣服的女士而言，其實有很多訣竅和策略，可以讓她們既不被人察覺自己經濟拮据，又穿得美美的，比方說艾拉蘇瑞茲夫人。此人對名設計師迪奧很有影響力，甚至一度被封為巴黎時尚圈的「品味總監」。事實上，我們這位夫人窮得捉襟見肘。據說她出生於君士坦丁堡，後來才流亡到巴黎，住在一間很小卻布置得很高尚的公寓裡。她常為迪奧提供意見與靈感，但拒絕接受一毛錢。她唯一的收入是幫時尚雜誌寫些文章賺稿費。每年迪奧都會請她自己挑選一套訂製服。在那一整年內，她出席任何社交場合都穿那套衣服。艾拉蘇瑞茲夫人曾說，省錢的最高指導原則是：越沒錢的人，就越要注重品質，因為越沒錢，就越需要不容易壞、又不會被看膩的衣服。或許因為她有迪奧先生這種朋友，才有資格這麼說吧。

至於我姊姊瑪雅則剛好相反，她為自己發展出一種非常實用的特殊嗜好，亦即把廉價服飾店的衣服搭配成像是出自Joseph或古馳等名牌高檔貨。她的訣竅就在：所有的東西一定要便宜！縱使買名牌，也一定要等到清倉大拍賣或購自二手店。我太太衣櫃裡最漂亮的一件衣服是日本的蠶絲大衣，她穿起來簡直完美極了。穿上它，不管是出席婚禮或雞尾酒會，在任何場合都得體大方。這件衣服是她在慕尼黑一家二手商店裡挖到的寶，要價僅三十歐元。

對預算拮据，又不想降低品味的女士們來說，除了以上這些選擇外，其實還有其他不錯的貨源，總之：找中古貨就對啦！比方說我就發現，我太太和她那群姊妹淘竟發展出一種聰明無比的互助網，為了不要每次正式場合都穿一樣，她們彼此交換衣服或餽贈舊衣服，互相交換著穿。這還不是最令人讚嘆的，最讓人拍案叫絕的是年輕小姐們的「時尚舞會」：那些無法忍受自己滿櫃子衣服，手頭又剛好有點緊的小姐們，會把一干好友全邀到家裡來，名義上是舞會，實際上是「私人清倉大拍賣」。

景氣好的時候，對品味再有自信的女人，都不免要染上「名牌熱」。但景氣不好時，「簡約風」就能重見天日了。今天，如果還有誰為了裝點門面而耗費巨資，一定會被人暗地嘲笑。不過，如果有誰在書裡談服裝，一談竟然超過五頁——這傢伙肯定沒臉出去見人了。

10 文化便秘！

藝術？這不是男人的名字嗎？

——普普藝術家安迪·沃荷

什麼時候我們才能夠走進博物館而不被嚇到——不被宣傳所帶來的人潮嚇到。二〇〇四年夏天，在柏林國家美術館前上演的戲碼真是荒唐至極：美術館前大排長龍，每個人都排了好幾個小時，甚至有人排到了半夜，就只為了看一場展覽。紐約現代藝術博物館因為內部整修，必須把部分收藏品安置到別處，柏林國家博物館成功爭取到藝術品到柏林展覽的機會。此次展覽行銷手法之高，竟讓這些藝術品在被歸還前，足足被一百五十萬人觀賞過。各展覽廳的地毯甚至被踏爛了，必須全部重新更換。不過，這點小錢算什麼！柏林國家美術館足足進帳六百五十萬歐元（進帳最多的當然是「禮品部」囉）。新聞每天都在報導：美術館前又大排長龍，吸引了更多人去排隊。這次展覽的主辦單位當然深感驕傲，因為他們證明了：只要「包裝」得宜，縱使是「深澀難懂」的現代藝術，照樣能吸引大批觀眾。

於是藝術成了商品，可以像豬肉或優格一樣被販賣、被行銷。馬克・史必格勒是瑞士一位非常出色的藝術新聞記者，他曾經有感而發說：目前藝術市場所遵循的法則，已經和流行娛樂業完全一樣了。「在現今的藝術界，藝術家的個人風采和外表越來越重要。各種有關藝術的報導或專欄，越來越把焦點集中在藝術家的居家生活上，而非藝術評論上——我們讀到的幾乎都是某位藝術家住在頂樓，他把他的頂樓布置成很酷的工作室，他個人偏好某位設計師的風格，還有他和誰傳出了哪些緋聞（而且還要越聳動越好）。這同時也意味著，如果有哪個藝術家的個性或工作方式剛好不適合當『明星』，那麼他就要吃鱉了。」

我們有辦法掙脫媒體的宣傳攻勢嗎？我們真的還能夠自己決定要欣賞哪些畫？聽哪些音樂？看哪些書？思考哪些問題嗎？哪些「文化事件」是我們真的渴望了解，或是出於需要才去接觸？又有哪些資訊根本是多餘的，但是我們因為「相信」有這些資訊才有辦法跟人「交談」，所以強迫自己非去接觸吸收不可？美國導演麥可・摩爾的電影真的非得每部都看嗎？只因為今年是「尼采年」，就得一窩蜂跟著大家閱讀尼采嗎？或者換個方式來說：過了「二〇〇六莫札特年」後，你想，你還受得了莫札特嗎？我們的文化消費方式，幾乎已經和電視節目裡的八卦行為一樣了，都是一窩蜂。只不過看電視時，沒有一隻無形的手在背後操縱我們該選哪一台。

音樂界也開始應用繪畫界早就行之有年的操作手法。據估計，韋瓦第的《四季》至今已錄音超過至少八千七百四十三次了，至於奧福（Carl Orff）的《布蘭詩歌》（*Carmina Burana*）則是每年在歐洲各大城市至少演出兩次：二千多名表演者在一萬五千多名忙著吃德國烤香腸的觀眾面前賣力演出。對抗不了「群居動物本性」的人，肯定要被搞得入不敷出。許多人擠破頭要去聽滾石的演唱會，那真的有那麼迷人嗎？值得懷疑。或許你真的可以在現場看到柏林市長沃維萊特和他的同居人在歌曲〈Angie〉的伴樂下，在貴賓席上陶醉地相依偎，甚至還能看見資深女記者薩賓娜・克里斯提昂森忘我地舉著她的登喜路打火機，隨著音樂搖擺，不過代價可不便宜：門票至少七十歐元。

如果真的那麼喜歡一窩蜂地追隨人群，那麼，荷蘭籍小提琴家安德烈・瑞歐（André Rieu）的演奏會要價六十七・六五歐元，洛史都華演唱會的票價介於六十四至七十二歐元之間，世界三大男高音的演唱會要價五十・七歐元至一百四十二・七歐元，這些同樣不容錯過喔！不過奇怪了，「五大男高音之夜」怎麼反而比較便宜？去一趟薩爾布肯看五大男高音同台，竟然只要三十四．五歐元至五十四．三歐元。除此之外，還有在帖寧根舉辦的郎多威尼齊亞諾樂團[1]演奏會也只要三十一．五九歐元至四十一．三七歐元。

駭人的文化饗宴

各式各樣的藝術活動，數量之多難以罄書，但競爭之激烈也可想而知；各主辦單位——無論是演唱會／演奏會經紀公司、廣播電台、電視公司、唱片公司、雜誌社、專辦活動的公關公司、戶外劇場、各大夜總會、馬戲團總監、劇院總監、小劇場、實驗劇場、市立劇場、國家劇院，甚至電影頒獎典禮的主辦單位，為了造成搶票風潮，都毫無創意地一再延用抄襲別人曾經成功過的行銷手法，無所不用其極只為吸引觀眾的目光。

就連藝術家本身都開始對這種商業剝削感到厭倦了。僅以英國當代藝術家達米恩．赫斯特（Damien Hirst）為例；幾年前，英國「駭人的」普普藝術當紅，宣傳活動達到巔峰時，我曾經採訪過赫斯特。如今他和他的經紀公司已經拆夥了。

我去拜訪他的時候，他正好在倫敦舉辦主題為「震撼」的個展。當中最重要、特別規劃成專區的一件作品是「千年」：一個非常巨大的玻璃櫃從中間被區隔成兩部分，只開了一個小窗戶當通道，玻璃櫃裡裝滿上千隻嗡嗡作響的蒼蠅。玻璃櫃的一端放了一大盆糖，另一端擺了一顆血肉模糊、已經開始腐爛的牛頭。所有蒼蠅都被這兩道大餐弄得興奮異常，拚命奔波於兩道誘人美食之間——既要忙著享用白糖，又要急著進攻牛頭。經紀公司對赫斯特的「驚悚」創意真是滿意極了。只見展覽場內，觀眾們個個屏氣凝神，一臉虔誠地注視著玻璃櫃，場內的音響則不斷對觀眾播放作品解說；另外有許多專家學者在報紙上發表專文，爭論此次展覽的真諦。有人認為，創作者不過是想透過作品表達他眼中現代消費者的行為模式，但另外卻有一些人認為，創作者想處理的是藝術創作的千古主題「死亡」，只不過表達方式很另類。

赫斯特為這一切深感沮喪。兩年前，他原本有件作品要送去美國展覽，但是他的作品連美國海關都進不去。那件作品叫做「死亡伴侶兩倍幹勁」（Dead Couple Fucking Twice），一頭用液壓馬達驅動的公牛死屍正在和一頭母牛死屍奮力交媾。曾幾何時，全世界的美術館都爭著展出赫斯特的「腐爛牛頭」，連金融界也在搶購他那些泡在甲醛裡的動物屍塊——唯一配得上銀行董事長新潮前衛辦公室的藝術品，當然是赫斯特囉。收藏家更是擠破了頭，要買赫斯特鏡頭下車禍橫死的死者容顏。我到倫敦去採訪他時，他正

---

1 Rondo Veneziano，歐洲非常知名的義大利樂團，專門演奏古典音樂。曾獲許多歐洲國家的白金唱片。

為了自己的偏頗行為與瘋狂行徑深感沮喪，甚至到了忍無可忍的地步。

我們約在他的工作室裡見面。一進門，我看到一顆令人震撼的禿頭：長相平凡，很普通的英國佬，但神情傲慢的臉上兩顆滿布血絲、像喝了太多酒的眼珠子死死盯著人，強烈透露出一股焦躁的情緒。好不容易坐定，我開始提出第一個問題。我很八股地問：「您覺得，您是在從事藝術，還是在反藝術？」話聲剛落，他就整個人從椅子上彈起來，並且說出再恰當不過的回答：「走，去酒吧！為這個無解的問題好好乾一杯！」那時候才剛下午，或者說，才剛「天亮」，對倫敦北區這些騷人墨客、藝術家而言，現在才剛天亮——現在就要喝酒?!

頭一輪啤酒是赫斯特買單，到了第三輪，他問我：「你曾經一個晚上喝最多的是什麼酒？」「我曾經當過德國海軍，那時候……」「啊哈！」赫斯特打斷了我，「你喜歡肛交？」「嗯，也不盡然啦。」我覺得是時候慢慢導正我們的話題了。這時，他卻從口袋裡摸出了一件小木雕，一隻豬，並且出奇不意地舉到鄰座正在吃昆布蘭香腸配馬鈴薯泥的先生面前。接著，他告白似地說：「這隻豬對我來說意義非凡。昨天我硬是把它的頭給咬了下來。這隻豬你要嗎？拿去，給你！」「不用了，謝謝。你人真好。」那位老先生很客氣地婉拒了，殊不知，他正拒絕了一件珍貴無比的赫斯特真跡！

幾杯黃湯下肚後，赫斯特開始抱怨起自己的經紀公司。他一直很努力地想逃脫他們的魔掌，越來越厭惡他們。現在，他甚至不知道自己接下來要做什麼。「難道開始畫花？」他深深地嘆了口氣。

在我們碰面後不久，他在倫敦開了一家餐廳。他在餐廳的牆壁上鑲滿藥罐，並將餐廳取名為「藥局」。後來赫斯特發現，他的餐廳竟成了倫敦著名的觀光景點，他毅然決然把餐廳關掉，並且丟到藝術市場上去拍賣——餐廳加上所有的裝潢，全是赫斯特的真跡——負責這筆拍賣的是倫敦知名拍賣商蘇士比。赫斯特的經紀人傑．喬伯林差點沒被氣死，因為他深怕拍賣那整間餐廳，會讓那些瓶瓶罐罐的單價暴跌。所幸他是多慮了，赫斯特足足進帳一千六百萬歐元。有了這筆錢，他終於可以回歸鄉野，到德豐希爾郡享清福，專心陪孩子打電動，再也不過問藝術界的事。

罐頭媒體V.S.有機生活

困擾赫斯特的問題，其實是整個藝術界，乃至藝術產業的老問題。第一個看穿「商業化」大怪物的猙獰面目，並將其定義為邪惡力量的藝術家乃達達藝術家。他們認為，商業化無遠弗屆的力量將化腐朽為神奇，把充滿爭議的藝術品變成市場上異常討喜的裝飾品。杜象的代表作之一「噴泉」，其實就是在嘲諷那些企業化經營的博物館，如今這件作品幾乎成了所有現代藝術展覽的經典之作。

最後一個挺身而出，拒絕接受「文化工業」的先驅是拉斯婁（Carl Laszlo）。一九五八年，業已式微的達達運動以拉斯婁為首，發表了一份〈反新潮宣言〉。「這世上除了那些懵懵懂懂，根本搞不清楚狀況的人，」他們在宣言中寫道，「就是那些老是行色匆匆，在開幕招待會和音樂會之間趕場而遲到的人，這些人一邊戰戰兢兢地享受『現代藝術』，一邊想盡辦法要解決自己消化不良的問題。老實的公務人員勉強自己去加入電影俱樂部，沽名釣譽的小人物硬是在自己毫無品味的公寓裡擺上一套最時髦的流行家具……。只有極少數人察覺到：一件用來展示生活品味的雕塑品，絕對不可能取代生活本身；播放一小段史維塔斯的錄音帶[2]，不可能趕走滿室寂寥與空洞；馬克思．恩斯特[3]的作品絕非正常的壁飾；縱使把整間房子改裝成摩登居家，變成一間集各建築藝術與居住文化大成的圖書館，還在一大堆陳舊的家具中間擺上一件凡德羅[4]設計的新潮家具，這一切的努力其實都無濟於事。」

許多藝術家從未放棄阻止社會主流勢力把藝術品拿去當開胃酒的庸俗行徑。反觀我們這些聽話、乖巧的藝術品消費者，卻還相信透過文化與藝術，我們庸俗的生活就能向上提升。我們的CD架上擺滿了整套的華格納、莫札特，更進階一點的話，還有德國電子音樂大師史托克豪森、當代最偉大的波蘭籍小提琴家兼作曲家潘德列茨基。我們的牆上掛滿了印刷名畫，舉凡夏卡爾、畢卡索、羅斯科5、勞森伯格6不一而足。每次進博物館總不忘到禮品區大肆採購畫冊、目錄、複製品，而且現在什麼最熱門就買什麼。這就是我們的文化饗宴！我們相信，這樣就能讓我們的生活變得更富足、更美好！

現在最熱門的東西不一定是好東西，許多人卻都不敢承認。越是擠得人山人海的展覽，越是沒有人肯錯過，即便大家心知肚明，這場熱門展覽的贊助廠商是荷蘭皇家殼牌石油公司，每天以廣告轟炸得我們不去看不行。其實，只要展覽的宣傳搞得越大，你就越應該對它保持適當的「冷漠」。理想狀況下，你平常就不該去理會流行教主現在正在傳什麼教。唯有如此，你才能夠保護自己不受蠱惑。無論如何，找個機會好好檢視一下自

---

2 Kurt Schwitters（1887-1948），德國達達藝術家，同時也是詩人。他為自己的風格詩作《Ursonate》的錄音，極受各界讚揚。

3 Max Ernst（1891-1976），達達藝術和超現實主義藝術家。

4 Mies van der Rohe（1886-1969），德國建築師，其設計的建築之直線風格簡潔優雅，被譽為「國際風格」。

5 Mark Rothko（1903-1970），現代藝術史中非常傑出的抽象表現主義畫家。

6 Robert Rauschenberg，美國現代藝術家，早期的作品開啟了普普藝術運動。

己的文化消費習慣：哪些文化消費的目的純粹是為了「社交」，你只是希望自己「不缺席」，哪些文化消費是真的為了滿足你的個人需求。

要了解一般人在文化消費上的行為有多空洞可笑，歌劇首演就是最佳例子。現在進歌劇院的人，只有極小部分是真正來欣賞歌劇的，大多數人都只是為了讓別人看見「他也在場」。不過，對於這些「志在參加」的人來說，參與感確實能為他們提供一種非常重要的安全感——「我也是你們當中的一份子喔」。

現在連歌劇院也很講究行銷，所以許多歌劇的內容變得既聳動又具爭議，使得老歌劇迷漸漸不敢上歌劇院了。現在絕大多數去看歌劇的人都是衝著宣傳去的，也就是所謂的「趕集」群眾。真正熱愛歌劇的人反而不敢進歌劇院，因為他們實在不知道要怎麼面對在台上自慰的費加洛。

上次在拜魯特[7]演出的華格納歌劇盛況空前，至今我仍記憶猶新：首演當天，只見那些買得起昂貴門票的幸運兒，強忍著拜魯特歌劇院裡一張張不舒服到極點的座椅，眼巴巴地盼著兩次中場休息，終於能衝出去喘口氣。他們在各大媒體及買不到門票之觀眾的夾道簇擁下，被推擠著進入歌劇院的餐廳——那裡賣的東西全部貴得驚人，味道卻不怎麼樣。進到餐廳的人，其實很少真的是要去吃東西。他們擠到這裡來，其實是希望能被八卦雜誌《繽紛》[8]的攝影記者拍到，或者來找機會跟總理梅克爾或名主持人合影。

觀察這些歌劇院觀眾真的非常有意思，看他們怎麼為了一場歌劇首演精心打扮、盛裝出席，搞得自己人仰馬翻。只要你稍有鬆懈，忘了時時提醒自己，你也會跟他們一樣不由自主，把藝術、文化或媒體當成突顯自己身分地位的工具，變成和人交際時的重要話題。對絕大多數的人來說，他們在藝術、文化上的消費，其實都是為了提升個人聲望與形象的公關支出。在我開始縮減自己花在媒體及藝術、文化上的支出後，我才發現，有很多東西其實我並不需要，可以毫無困難地捨棄，而且我忽然不再那麼拮据了，不需要苦哈哈地，為那些我真的想要的東西存錢存好久。

長久以來，我一直有一種恐懼，我一定要訂很多份報紙和雜誌，才能夠讓自己懂的幾種半調子語言能力，跟得上那些國家的最新時尚潮流和時事脈動。我每天早上最高紀錄可以收到五份報紙，信箱幾乎要被塞爆。鄰居看到我時總是搖頭，因為大家共用的廢紙回收桶，每次剛清過就又滿了。我一天至少要收看四次新聞，而且還拚命上網查詢：什麼是美國、英國和法國現在最熱門的「話題」。所有「資訊中毒者」該有的症狀，全出現在我身上。

7 位於德國的巴伐利亞邦，每年都舉辦世界知名的華格納音樂節。

直到我因為沒錢不得不嚴格撙節媒體費用、文化費用、活動支出時，我才發現：那些以前為了「鎖定」時代潮流而覺得不可或缺的資訊，只會搞得我精神錯亂、不堪負荷，甚至整個腦袋被資訊給塞滿，根本無法思考。現在我很清楚，我再也不需要訂閱《大西洋月刊》了，甚至可以完全不看《梅庫爾週報》，不看英國時尚雜誌《閒談者》也不會覺得難過，就連沒有寬頻也不要緊。

如果有哪一天，我忽然想辦一支行動電話，那我也只需要有通話功能的陽春手機。我再也不需要知道誰是這一屆的媒體與電視班比獎得主，誰是金攝影獎得主，誰又贏得了金火雞獎。我也沒興趣了解今年最流行的口頭禪是什麼。現在，我高興什麼時候看有關基因或大腦的研究就什麼時候看，管它這方面的資訊是不是某個醫學權威選出來的「本月主題」。現在我也不必每兩週就大老遠趕去某個歐洲「藝術大都會」，只因為電視上說那裡現在正在展出一場不容錯過的展覽。現在我變得很懂得利用住家附近的博物館，欣賞那些沒人宣傳的畫。而且我也不需要再去看那些被媒體報導得聲名狼藉的舞台巨作了。最近我甚至還成功地「戒掉了」新聞。其實，那些所謂重要得不得了的新聞，跟我的生活根本一點關係也沒有。如果我真的想讓自己被催眠一下，我會打開收音機聽一下廣播。若把電視的八卦節目比喻成「從超市買回來的罐頭食物」，那麼聽一小時國家廣播電台的廣播，就像是吃了一盤「有機沙拉」。

想變笨？請多看電視！

專門研究媒體的美國學者比爾・麥奇班（Bill McKibben）在紀錄片《資訊流失的時代》裡，完整記錄下紐約市二十四小時內播放的所有電視節目。他花了好幾個月才研究完這些內容，並且下了結論：單是一天的節目，就可以讓他獲得成千上萬筆資訊，但大部分的資訊對他而言根本毫無用處，甚至不能增進知識。

現代人從早到晚都處在資訊爆炸與不斷溝通的環境中，但我們的知識卻越來越貧乏，景況甚至從來沒有這麼悽慘過。反媒體運動的知名人士奈爾・波茲曼（Neil Postman）曾說：從前他剛到紐約大學教書時，那時候科技還不是很發達，一切設備都還很簡陋，但那時候的大學生大部分很有能力，知道怎樣閱讀、寫作，把自己的想法用文字表達出來。如今有了便利的文書處理程式，上網就能抓到幾千家圖書館的資料，甚至每個人都能隨時隨地無線上網，結果竟然只剩少數幾個學生有能力寫出語意完整的文章，而且大部分都沒有自己的想法，只會跟著媒體人云亦云。

研究大腦的專家越來越擔心我們的下一代。導致學童成績退步的主要原因，明顯跟所謂「毫無節制地使用媒體」有直接關係。舉例來說，十歲的兒童中，每兩人就有一人擁有自己的專屬電視、電腦、PS2或DVD，他們平均每天要花兩個小時玩電視遊樂器。這些兒童在課業上的表現通常很差，甚至只維持在最低水準，原本應該用在課業上的腦力，完全因為看電視或玩電動而透支了。

沒有任何一種工具能像電視一樣，這樣有效率地讓人變笨，並且讓社會大眾展現這麼強烈的群體性。再也沒有任何一種大眾媒體能像電視這樣，散播出這麼多愚蠢觀念、血腥畫面、陳腔濫調，並且讓大家浪費這麼多時間。記得才在不久前，若想躋身有知識的上流社會，至少還得學會拉丁文。但今天不必了，只要能放棄電視，就有資格當個知識菁英。

至於那些看起來很具知識性、很中立的資訊節目，乍看之下好像是在傳播知識，其實骨子裡總隱藏了某種價值判斷。我們真的需要來自災難現場的制式連線報導？災難畫面難道一定得配上優美的小提琴演奏？我們真的需要來自巴格達的實況轉播？記者群聚在一間狹小的採訪室裡，還得透過德國緬茵茲、司圖加特或美國亞特蘭大的新聞總部，才能得知自己要轉播的新聞內容是什麼，才能知道當地「目前」情況到底如何？舉例來說，典型的報導方式大概就像：

主播：「現在讓我們連線到巴格達。早安！請告訴我們，現在當地情況如何？」

現場記者：「主播，抱歉。現在當地的狀況非常混亂。我們只能待在採訪中心，所有的技術人員都在努力維持衛星通話正常。」

「根據通訊社的報導，他們的內政部長已經下台了。可以告訴我們有關這方面的消息嗎？」

「是的，主播。通訊社所發布的這則消息，我們也在當地報紙上讀到了。幾天前，許多專家就預測會有這樣的結果，不過我們無法親自證實這項消息。因為這裡的情況非常混亂，我們無法離開採訪中心。現在讓我們來聽聽，幾天前採訪過當地內政部長的《新聞週刊》記者史考特．托馬斯怎麼說。」

像這種連線報導，通常是兩個記者自己在那裡對話，而且留鬍子的那個通常是什麼「中東專家」。當你看到兩個記者在那裡互相採訪，卻還繼續盯著螢幕不知道該關掉電視，那麼只能說：你自己活該！

在這裡順便透露一則秘辛。查爾斯王子跟黛安娜王妃結婚時，其實他還很年輕，但是他當時就察覺到，他和她之間有點不對勁：黛安娜竟然命人在床邊裝了一架電視機。每次當查爾斯提到「電視」時的羞愧之情，好像他剛剛說出口的是「痔瘡」。

當一個人開始很自覺地拒絕大眾媒體，拒絕時下最流行的意見和看法，或最當紅的話題或事件時，他的生活品質將大大提升，並且能持續維持高檔。相反的，不斷追逐趨勢、追逐流行的人，只會讓自己的生活變得很花錢、很疲憊，而且還會變得資訊貧乏。有勇氣敢跟別人不一樣的人，不但能省錢，還能一窺自給自足的幸福感——在大家的步調越來越一致、社會標準越來越單一的時代裡，這種生活方式逐漸變得奢侈而遙不可及。

若不想被文化垃圾淹沒，最棒的辦法是：讓自己變成一個能看清事實的「內行人」。沒錢，有時候確實很不方便，卻是一種千載難逢的機會，在這時候，你才有機會看清楚事情的輕重緩急、優先順序，並且有機會掙脫那些讓生活更沉重、混亂，甚至超載的牽絆與束縛。這麼一來，生活中將只剩下以熱情奉獻的事。

那些真正專業、有所成就的專家或高手，他們都反對集體行為，反對強加於身的消費文化，而且對集體行為有很強的免疫力，比方說古典鋼琴演奏家格蘭・顧爾德、中世紀的宗教藝術家，或現代龐克搖滾樂團。這些獨樹一格的人，很容易被誤認為愚蠢或低能。即使他們得不到認同，至少還能拯救自己被流行文化的消費法則宰制；不必天天為了怕遺漏某種流行話題而戰戰兢兢，也不必再因為媒體的大肆報導，今天被狂牛症嚇個半死，明天被基因改良蘋果的問題搞得幾乎精神錯亂。**能獨立於媒體之外，有自己一套看法的「專家」或「內行人」，才是真正富有的人，那是一種知識上的富有，以及獨立性的富有**。跟那些只會從眾隨俗，實際上卻什麼都不懂的八卦高手剛好相反。

11 教孩子快樂，別教他消費！

我們不可能再變回孩子，但至少可以試著不讓孩子變得跟我們一樣。

——德國作家艾瑞・凱斯特納（Erich Kästner）

該送什麼禮物給孩子？沒有一道試題比這道更難。如果你想幫孩子擴充他那組古董扮家家酒的郵局配件，隨便去找一家百貨公司，等玩具部門的服務員聽完你的問題，他的表情肯定非常震驚，比看到手持可蘭經、腰上綁定時炸彈的恐怖份子還要震驚。

玩具部門是最能看清資本主義庸俗、醜陋真面目的地方：兩、三家大型玩具集團徹底瓜分了整個玩具市場，簡直就像奇幻電影裡的怪物要徹底宰制這世界。幾乎所有幼童放進嘴裡吸的、手上握的軟質玩具，都是會釋放出毒性的塑膠玩具，而且現在的玩具幾乎百分之百是中國製或越南製。你不難想像，為了我們這些國家的孩子要玩玩具，那些國家的孩子得被迫待在空氣污濁的工廠裡，為了微乎其微的報酬長時間辛勤工作，而且那些工廠還意外頻傳，動不動就發生火災。

但諷刺的是，市場專家不斷發出警告：現在的孩子根本不想玩玩具了。北美和西歐國家四歲到六歲的孩童裡，至少有一半以上偏愛玩電動玩具。玩具泰斗如玩具反斗城或FAO Schwarz紛紛陷入恐慌，因為他們能鎖定的客戶群範圍越來越狹窄，年齡層也越降越低了。從前的小孩縱使到了十一歲，還是很喜歡玩扮家家酒，玩具還是可以獲得他們的青睞。但是，今天連六歲大的小娃兒都只想玩爸爸的手提電腦。

玩具公司的行銷人員也注意到，孩子已徹底厭倦玩具，而且連我家都無法倖免於難，我兒子就是個活生生的例子。他對我的電腦的興趣，永遠更勝於那些無聊的塑膠玩具。只要你稍微不注意，他就會拿著馬桶刷出現在你面前——因為他最近看過我拿馬桶刷。或者他會拿起家裡某一台電話，嘴巴一邊啃著電話筒，手指一邊撥打去美國，在他還不會說「車車」之前，他已經會按美國代碼〇〇一了。跟我兒子比起來，我女兒單純得多，基本上她只玩她心愛的洋娃娃。令人驚訝的是，這個年齡的小女生幾乎都最愛這種「殘破不堪」的洋娃娃，這些娃娃通常都被玩得只剩一隻眼睛，腦袋光禿禿。不管送她什麼新玩具，她都只玩一下就丟掉，然後回頭去找她的舊娃娃，不管她走到哪裡，去到哪裡，都要帶著她的舊娃娃。

孩子若非天生就對禮物和玩具有極大的貪念，就是我們「努力」教出來的。**教導孩子「享受」確實是門大學問，也是門藝術，訣竅就在：不要讓他應有盡有、揮霍成性**。今日的父母縱使手頭很緊，也會盡可能以物質滿足孩子，但事實上他們根本負擔不起。許多父母怕孩子比不上別人，一定要給孩子買齊所有無濟於事的東西，舉凡會說話的洋娃娃、印有迪士尼卡通人物的書包、電動玩具、整套的耐吉運動裝備等，以為唯有如此，孩子才不會產生比不上同學的自卑感，也不會讓孩子在班上受歧視。

從小就被灌輸「消費觀念」的小孩，長大後根本學不會如何自我節制，因為父母從小就教育他：別人有，你也要有。如果一個孩子從出生到高中畢業都被物質包圍，市場上有什麼他都能得到，這樣的情況最慘了。總有一天，這孩子一定會覺得「缺乏」才是他人生最偉大、最彌足珍貴的體驗。就像克爾赫特（Christian Kracht）的小說《一九七九》裡的主人翁，他原本生活在一個物質享受應有盡有、奢侈品充斥的世界裡，但是這樣的生活卻讓他覺得越來越沒趣，直到有一天他被批鬥，被送到中國的勞改營，他才終於找到了人生的真諦。

我所見過最可憐的小孩名叫阿里，他乃富可敵國的中東軍火商阿德南·卡秀吉（Adnan Kashoggi）的幼子。卡秀吉的宮殿位於馬貝拉的一座山頂上，阿里的房間大到足以媲美一整座運動場。所有的玩具都是超大尺寸：世界最大的泰迪熊、最豪華的玩具車，其中包括了真正能駕駛的迷你版法拉利和勞斯萊斯。但是阿里總是默默坐在一大堆會發出聲音、會敲打、會跳來跳去、會眨眼睛的玩具中間，小小的臉蛋悶悶不樂，擁有一顆貧瘠而苦悶的心靈。一大堆保母和傭人環繞著他，伺候著他，他完全沒機會自己一個人玩，或自己動手做事，弄得他既無聊又心浮氣躁。下午家裡會請小丑來專門為他表演，但在整個表演過程中，我從沒見過他笑。

後來我聽說他被送往紐約的寄宿學校，想必是有錢人家讀的貴族學校吧，比方說德懷特、史賓斯，或聖安妮。聽說史賓斯的十一歲女學生就開始提Prada包包了，德懷特和聖安妮的學生則是以喝酒和吸毒聞名於世。這樣的小孩還有什麼值得追求、值得享受的人生呢？他們最後常常會躲到印度的果阿省街頭去當嬉皮，或者淪落至阿爾及利亞的首都阿爾及爾，成為暗巷內毒癮發作的流浪漢——像是為了平衡過去太奢侈的童年。

不做同流合污的羊

若要享受，就必須先學會如何放棄。德國哲學家阿諾·格倫（Arnold Gehlen）認為，人類持續承受著一種壓力，讓人去追求大異於能滿足他當前慾望的東西。這種壓力，亦即一直想要擁有更多的心理狀態，格倫稱之為「動機過剩」。格倫認為，如果不是因為「動機過剩」，人類絕對沒辦法達到目前的成就，也絕不可能如此徹底地改變地球的樣貌。

想要更多、更好、更新的慾望，跟一心追求享受的慾望其實一樣，就連沒聽說過格倫的人也會這麼做，因為這本來就是我們的天性。若想反其道而行，一定會變得很不快樂，因為人本來就無法違抗天性。所以，讓自己贏得享受的真正秘訣就在：先認識我們的慾望，然後適度地滿足、紓解它——絕不能像苦行主義者那樣去對抗它、否定它。

拉丁文裡有個很棒的字眼「適度」（temperantia）。之所以說它很棒，是因為這個字聽起來完全不帶任何壓抑或馴服的意思，反而像是要去進行一種偉大的藝術創作。就像一份食譜絕不會告訴你，不可以放糖或不可以放麵粉，而是會告訴你，該放什麼，要放多少，才不會把這道菜給搞砸。對基督教徒而言，「適度」乃是一種基本道德，佛教徒也同樣非常推崇「適度」的觀念，就連FC Bayern足球隊的專屬醫師米勒博士，也一再提倡「適度」。

父母在教育上面臨的最大挑戰是：我該如何保護我的孩子，不要讓他變成受媒體宰制、愚蠢幼稚的消費白痴？我該怎樣強化孩子的自我意識，讓他有能力對抗誘惑，有能力放棄其他人擁有的過剩無謂的東西？這些問題最中肯的回答是：沒有辦法，也沒有絕招。你必須承認，縱使只選擇式樣簡單、充滿藝術性的木雕玩具給孩子玩，總有一天，孩子還是會要求玩那些嚴重美化暴力的電動玩具，或者是胸前印有「可愛寶貝」字樣、會說話的洋娃娃。如果一邊是充滿教育意義的有機材質玩具，一邊是會發出聲音、會眨眼睛的塑膠怪物，然後讓孩子自己選擇，你猜孩子會選什麼……沒錯！

到底怎樣才能保證把孩子教成一個懂節儉、充滿品味、有環保意識的世界公民？告訴你實話：我也不知道。但有一點我很確定：無所不用其極地否定孩子的興趣與喜好，絕對是最等而下之的錯誤方法。因為，只要你看不到，他還是會做。

兒童及青少年心理諮商師克莉斯塔・梅弗斯（Christa Meves）根據幾十年心理治療的臨床經驗表示：有些父母用心良苦，努力想把孩子教育成遠離物質主義，遠離占有慾，但是他們教出來的孩子在長大後，反而常常會變成真正的貪心鬼或病態的囤積狂。此外，在以色列的集體農場裡，新生兒雖然都是由親生母親哺乳，卻被安置在固定的地方集體撫養。以色列的心理學家那格勒（S. Nagler）就發現：這些被教導要屏除占有慾的孩子，大部分都有很嚴重的心理問題。他舉了一個案例，有個孩子智商很高，卻拒絕學算術，因為他從小就被教導一切跟拿取和擁有有關的事物都是罪惡的，所以他不想學算術。所以，若是嚴重扭曲孩子的占有慾，絕對教不出心理健康的孩子。「擁有慾」絕對不是性格上的缺陷，反而是一種人性的需求，我們應該要認清自己的慾望，不應該壓抑，更不應該想消滅它，而是要適度地紓解它、滿足它。

有一項教育原則，我一定要提出來跟各位分享：我們要培養孩子的獨立性。因為，**教孩子獨立，就等於教他擁有自由。我們要把目標設定成：讓孩子有能力根據自己的信念去做對的事**。舉個最通俗的例子：我不會教我女兒說，妳要刷牙是因為妳「必須」刷牙，或者跟她說，因為「別人」都刷牙，所以妳也要刷牙。我會讓我女兒了解，她之所以要刷牙，是因為不刷牙會蛀牙。

一個人習慣做正確的事情，且覺得做正確的事很容易之後，他的快樂就會越來越多！好比說我們讚美某個音樂家「技藝精湛」，通常是指：他不但沒有彈錯，還彈得一派輕鬆、渾然天成，而非彈得千辛萬苦、戰戰兢兢。這就是高手和初學者之間的差別，初學者縱使做到了也是千辛萬苦。要做得既正確又輕鬆愉快，才能算是真正做到。要達到這種境界，絕不是「強迫」可以做到的，而是要奠基於「了解真相」。

不過，要讓孩子「了解真相」真的很花時間！比方說，當我女兒因為同學們都有冰淇淋，而吵著一定也要買冰淇淋時，解決方法簡單說共分三種：方法一，買給她，問題立刻解決了。方法二，不買給她，「停，不准再吵！」完全不理會她將會心情不好（其實是嚎啕痛哭）。或者是，方法三，好好對她曉以大義。

我跟她說：人跟羊不同，羊只要一聽到別隻羊「咩咩」叫，一定會聞風響應。但是人有能力不跟從別人，不必去隨波逐流。在我曉以大義之後，我女兒還是會有百分之八十的機率堅持一定要買冰淇淋，這時候呢，只好再回過頭執行方法一或方法二。但在最近，方法三竟然逐漸發酵了，我跟我女兒甚至會拿來當遊戲。在天氣特別熱的時候，我們看著別人手裡拿著一枝大大的雪糕，雖然口水直流卻還是堅持不買。我們會很有默契地彼此對望，然後一起發出「咩咩咩」的聲音。往後，只要我們兩個有人發出「咩咩」的聲音，就代表我們已經戰勝了心中的那隻羊：那隻「別人有，我也想要」的羊。

不過，培養孩子的獨立性要特別小心，要適可而止！千萬別凡事都要求他跟別人不一樣。小孩子就像鳥，喜歡跟著群體一起飛翔，這樣才不會落單，被老鷹叼走。有沒有什麼獨門絕招，讓我們的孩子學會「適度」的合群？老實講，沒有。原因之一：孩子不可能完全照著我們的期望做，這是一條自然法則，孩子到了一定的年齡，自然而然會反抗父母。奉行「有機素食」的人，他們的孩子常常會變成支持大型畜養場的肉食老饕。父母若是從小便強迫孩子學樂器，我甚至可以跟你拍胸脯保證，他們的孩子最遲到青春期，一定會拒絕一切跟音樂有關的東西。

想透這樣的定律，就會明白教育孩子最有效的「策略」，就是反其道而行：專挑你完全不認同、甚至排斥的行為來以身作則，或許就能「有效地」刺激孩子去做那些你原本希望他做的事。不過我得承認，這種做法未免太辛苦了！

超市障礙賽

不必一早趕著去上班，不必整天待在辦公室裡，這帶給我不少好處，尤其是在「親子教育」上：首先，我讓孩子有機會見識到，工作不一定是不愉快的事，你也可以讓工作跟其他事情結合在一起，比方說，剪腳趾甲啦、睡一下午覺啦。自從我每個月沒有固定薪水後，我必須大幅刪減孩子的玩具費，但是我現在可以在另外一件事情上非常慷慨，而這件事卻是大部分有錢父母對小孩特別小氣的：給孩子足夠的關注。事業有成、職場得意的父母，通常因為沒時間陪孩子而良心不安，只能買禮物來淹沒孩子。

一對很有錢的夫妻求助於兒童心理醫師，他們甚至聘請了一整組的心理治療團隊，因為他們的兩個兒子，一個九歲、一個十一歲，兩個「什麼都有」，卻彼此相持不下，一天到晚吵架。心理醫生在觀察後發現：這對夫妻很少陪伴孩子，縱使在家，也總是有客人來訪。其實那兩個兒子的吵架行為有固定模式可循。平常他們都可以各自玩得很開心，自己玩自己的東西，但是每當他們想要媽媽過來主持公道時就會開始吵架，然後媽媽就「不得不」過來幫他們調解。吵過之後，他們會逐漸安靜下來，但是大概半個小時之後又會再度聽到哭鬧聲，情況就這麼不斷循環上演。

其實這是因為只要他們吵得夠大聲，不只媽媽會來，就連爸爸也會趕過來，雖然爸爸過來後會罵得比他們更大聲（這其實會讓他們害怕），但他們臉上卻會浮現一種若隱若現的幸福笑容，在兒童心理學教科書上稱之為「蒙娜麗莎的微笑」。這對有錢夫妻當然想知道他們的兩個兒子到底出了什麼問題，於是心理醫師向他們解釋：「孩子希望藉由吵架獲得你們的注意，而且這似乎是唯一保證有效的辦法。」

或許只有那些錢不多但時間很多的父母，才給得起孩子最珍貴的東西：關注。所謂的關注，可以只是一趟小小的探險，讓孩子陪你一起去找遠一點的郵筒寄信，或者讓孩子跟你一起下廚，任何一件生活瑣事，只要是跟孩子一起完成，都可以讓孩子深深感受到你對他的關注。在這些生活瑣事中，只有一件事我遲遲不敢跟孩子們一起進行，那就是一起採購。許多人把大好的生命時光浪費在愚蠢的採購上，所以我一直很排斥讓孩子太早習慣採購。但另一方面，採購卻又是一種非常好的機會教育，我可以在採購的過程中，教導孩子如何面對商品而不受誘惑。

西方國家的超級市場考慮得真是周到，他們把所有能刺激小孩分泌多巴胺[1]的商品，通通擺在孩子視線可及的高度。為了對抗這股惡勢力，我跟我女兒發展出一種很有效的採購遊戲：我們把到超市採購看成一場「障礙賽」，其中隱藏著成千上萬個陷阱，每個陷阱都在引誘我們去購買不需要的東西。遊戲規則是，我們得突破這些障礙，不能受到它的引誘，只准買我們事前講好的東西，比方說一公升牛奶、幾根香蕉，還有我女兒堅持一定要買的水果軟糖。能堅持到最後、只買這些東西的人就贏了。如果是全家大小一起去採購，我們就會分組比賽。哪一組的推車能空無一物最久，那組就算贏了。

這種小小遊戲可以在潛移默化中不斷提高孩子的消費抵抗力。對我們這一代的年輕父親來說，要抵抗消費的誘惑就已經很困難了，因為我們生活在二十四小時都充滿誘惑的世界裡，我們不斷被告知某件商品可以讓我們變得更幸福，許多資訊都不斷在鼓勵我們購買。到了我們的下一代，這種情況會更嚴重，所以我們的下一代需要有更強的抵抗力，才能對抗充斥在日常生活中的種種誘惑。因為到那時候，大家會變得比現在更窮，商家一定會變本加厲，要大家把錢掏出來。

加州某些高速公路旁的大型超級市場已經開始進入「未來戰況」：顧客進門後，馬上會被廣告訊息包圍。這裡用的可不是原始又落後的擴音設備，當然不是，這裡有為顧客們量身打造的「超音波」，直接鎖定每位顧客，然後發動攻擊：當你走過放乳酪的冷藏櫃時，會忽然響起一陣女性的甜美聲音：「最受歡迎的義大利佩科里諾薩多乳酪正在特

1 大腦所分泌的一種天然興奮劑。

價喔！」別以為大家都一樣，你聽到的是這種內容，你隔壁那個圓滾滾的貴婦聽到的可是：「口味清新的法國歐梵涅藍黴乳酪不容錯過喔！」

如果這項驚人科技被廣泛應用在消費市場上——他們當然會這麼做囉！——那麼，我們每個人都將被「為我們量身打造的廣告內容」鎖定。有趣的是，商家怎麼可能這麼了解顧客，怎麼有辦法精確分析出走進來的客人有何特質，並且投其所好？極大的可能性是透過「自動辨識身分晶片」，簡言之就是RFID（無線射頻辨識技術晶片）。

這種超級迷你的晶片並不是什麼未來科技，而是現在進行式，這幾年已經應用在很多東西上了。比方說停車場電子通行卡，或圖書館裡的書籍刷卡條碼，只不過它的體積最近被大幅縮小成像細沙一般，而且功能倍增，能儲存幾年前還需要一整個部門才能處理完的龐大資料。二〇〇六年的世界盃足球賽門票會植入這種晶片，新的歐洲護照上也會出現這種晶片：一種微乎其微、根本沒人會注意到的晶片，竟儲存了所有關於我們的資料。RFID狂熱者甚至夢想：消費者再也不必到櫃台前大排長龍等著結帳，櫃台小姐再也不必幫貨物刷條碼，透過RFID，在我們離開商店的那一刻，所有消費金額就會自動從我們的帳戶裡扣除。

未來的消費者就像是透明的生物，在商人面前無所遁形。商人將使出渾身解數，推出更先進、更精緻的手法來叫消費者掏錢。唯有把孩子教育成能夠獨立思考的人，並且讓孩子了解到，享受不一定就等同於接受誘惑，只有這樣，才能讓我們的孩子有機會獲得真正的富足——不管他口袋裡有沒有錢。

12 別讓自己越買越笨

這時代盛行集體主義，活出個人特色竟成了唯一真正的奢侈。

——大導演奧森・威爾斯（Orson Welles）

北京一家動物實驗室的中庭裡，豎立了一塊「無名實驗室老鼠紀念碑」。當然是為了感謝那些為人類偉大發現而犧牲捐軀的白老鼠、黑老鼠、大猩猩和小狒狒了。只有不明就裡的人還以為購物的美好感覺與陶陶然，可以對抗日常生活的沮喪及憂鬱。科學家早就透過動物實驗證實，消費不僅不能帶來快樂，甚至還會讓人變得麻木愚蠢。實驗告訴我們，真正讓人感到興奮的，是整個期待過程中的快樂，一旦願望被滿足了，反而只有失落感。

大腦專家沃夫朗・舒茲（Wolfram Schultz）曾經用猴子做過一項非常有名的實驗。他們把猴子關在籠子裡，並留一個巴掌大的活動門，活動門的正上方架著一盞燈。在工作人員要餵猴子吃蘋果前，活動門上的那盞燈就會亮。不久之後，猴子就了解到：燈亮之後，牠就有蘋果可以吃了。於是只要一看到燈亮，猴子的大腦就會分泌一種叫多巴胺的興奮劑。舒茲教授又進一步發現，這種能帶來興奮感的大腦分泌物，只有在期待願望將被實現的過程中才會不斷分泌。猴子確實拿到蘋果後，分泌量就不會再增加了。也就是說，獎勵物本身並不會喚起快樂或興奮感，甚至無法讓大腦產生任何反應。真正吸引人、讓人感到快樂的是整個期待的過程——願望被滿足了，反而不能喚起任何興奮感。

舒茲教授繼續做研究。他還想知道，如果我們拿更棒的東西當獎勵物，多巴胺的分泌量會不會改變，改變的程度如何。於是，燈亮之後，他們改拿葡萄乾給猴子吃。呀呼！之後當猴子看到燈亮時，大腦多巴胺的分泌量果然增加了。但是過不了多久，猴子習慣了葡萄乾之後，多巴胺的分泌量又開始下降，於是下次猴子再看到燈亮，牠所產生的興奮感，只跟當初牠想吃蘋果的程度一樣。

一段時間之後，舒茲教授又將葡萄乾改回蘋果，結果，猴子大腦的多巴胺分泌量竟然不升反降，燈亮再也無法讓被寵壞的猴子感到興奮。在牠沒有得到葡萄乾之前，不管給牠幾百遍蘋果都能喚起牠的興奮感，但現在牠拿到蘋果時竟然只有失望。舒茲教授的結論充滿了智慧：我們的期望越高，就越難獲得快樂。享受本身並不能提升我們的幸福感，只有事前的期待，才能不斷提高我們的興奮感。

著名的哲學家恩斯特．布洛赫（Ernst Bloch）也提出了同樣的理論，只不過他用不著猴子。他的著名理論「達成後的憂鬱」，早在大腦實驗尚未問世前，就已經明白指出：「期待」與「渴望」的情緒在跨過「實現」的門檻後就會死亡。多麼偉大的創見啊，只要我們能把這點牢記在心，不知道能省下多少錢！的確，每個人都會想擁有剛推出的新款iPod，或是一台最先進的數位相機。但是在你擁有後並沒有比較快樂，何不毫無遺憾地放棄這個念頭。

不懂這些理論，也不曉得任何科學根據，卻能將這項事實奉行得淋漓盡致的人，就屬我的大姊瑪雅了。跟她一起去逛街真是棒透了；她一旦走進一家鞋店，一定會下定決心，非買些戰利品回家不可。她會不厭其煩地試穿很多雙鞋，甚至要店員千辛萬苦地進倉庫裡幫她找，或者幫她從別家店裡調貨過來——但就在幾乎要成交的那一刻，她會忽然改變心意，並且告訴店員：「嗯，我再想一下好了，我待會兒再過來。」她當然不會再去了。

如果跟她一起去行人徒步區、商店街、機場免稅商店，或其他類似的地方逛街，你就會發現，她絕對不會放過化妝品專櫃，她一定會找一家進去試噴香水，然後再挑幾瓶自己滿意的香水，或者剛上市的新款沐浴乳，然後朝櫃台的方向走，準備要去付錢了。就在她排好隊，等著要付錢時，她一定會忽然覺得這一切好無聊，又把東西放回架上，然後再重頭來過。至於那種不進店裡，純粹用「逛櫥窗」來喚起購物慾望與興奮感的進階版做法，其實也只有當你真的有購買念頭時，才可能發揮功效。除非你自己也認為「我真的要買了」，否則進去一家店，讓店員白忙個老半天——這可一點都不好玩。

別花錢在「富裕垃圾」上

無論是我大姊、布洛赫，或舒茲教授，他們共同體會到的事實都是：我們因為受到廣告刺激或促銷活動影響而從事的消費行為，鮮少能為我們帶來真正的享受或快樂。許多花錢買來的東西，在仔細探究後，都只是多餘的用具，或根本沒用也沒價值的裝飾品，我們之所以買，全是因為廣告不斷在催眠我們這些東西不可或缺。

假設我們用小偷的眼光來觀察周遭，找出所謂「有價值的東西」——小偷闖空門通常就是為了這些：首先注意到的一定是家電產品，比方說電視機、ＤＶＤ、立體音響、電腦等等。縱使是這些有價值的東西，用過兩、三年之後，也完全沒有轉賣的價值了。所以歷史學家羅夫・彼得・西佛勒（Rolf Peter Sieferle）認為，雖然我們活在一個相較之下人人富裕的社會裡，但實際上，我們越來越像是生活在「無產階級社會」裡。表面上看起來，我們社會各階層的人都擁有無數雜物，事實上卻只有微乎其微的一小撮人，才真正掌握具有價值的東西。

縱使是社會最底層的人，消費能力也大得驚人——即便只是個工人，終其一生能賺的錢也超過一百萬歐元，但是他能留下來、能保值的財產，通常不及其全部所得的九牛一毛。為什麼會這樣？因為我們每個人都把錢花在一些不值錢的東西上，或一些消磨時間的無謂活動上，例如：到印度洋上的小島國賽舍恩旅行，買便宜但搖搖晃晃的劣質木製酒架，買火鍋專用的鍋子，買烤鬆餅專用的爐子，加入各式各樣的會員，買冰淇淋機、優格機、果凍拖鞋、運動背包、多功能運動夾克、野外專用水果刀，買可以將體重和脂肪分開測量的專用體重計，買「貴金屬鉻」製可刷洗式絞肉機、毛茸茸的收納盒、買電動按摩器、洋芋片包裝保鮮夾、雙座式果汁機、氣功輔助機、名家設計炒菜鍋、磁石安眠枕。

變窮真的有其值得慶幸的一面，因為我們終於有機會擺脫四處充斥的富裕垃圾。想獲得這個自由，得下意識地對抗媒體的洗腦，不再做個不會思考的愚蠢消費者。為何廣告總是有辦法說服我們某樣明明是多餘東西乃不可或缺之物？為什麼星巴克總是有辦法叫我們喝打泡牛奶上灑滿巧克力碎屑的焦糖法布奇諾，縱使一杯正常咖啡比較合乎我們的胃口？為什麼窮得捉襟見肘的社會最底層捨得一再花錢更換手機鈴聲？為什麼居各行各業薪資結構最底層的人會喜歡花錢去買摩當卡地的酒，只因為它的標籤讓人聯想起優雅的古堡？但它實際上只是一種量產紅酒。吉列刮鬍刀公司每隔一陣子就會推出新產品，並且取個不知所云的新潮名稱，比方說「三倍鋒速動力刮鬍刀」，為什麼每次都能成功地叫我們相信，新產品一定能刮得更舒適、更乾淨？若想了解這些廣告伎倆，特別推薦費德利克·貝格岱（Frédéric Beigbeder）的《三十九塊九》一書。貝格岱曾經在廣告界待了十幾年，是撰寫廣告的高手。他書中的主人翁歐克塔夫·帕朗哥對世界非常反感，因為什麼都可以用錢購買，連他自己都是可以買賣的。帕朗哥在書中說道：「你存夠了錢，想來買我上一季發表的新車，那款車早就被其他新款取代了。我的速度永遠比你快三倍，所以我敢保證你永遠都會失望。『魅惑』是你永遠無法企及的國度。我會一直推陳出新吸引你的注意，但我的新產品永遠有個特色：它永遠都會一下子就過時了……。我的工作就是挑起你的購買慾，但我從來都不想謀求你的幸福，因為——幸福的人不會消費。」

在二十世紀的二〇年代，已經有廣告專家在費城傳授企業老闆們這樣的行銷絕招：「他們渴望什麼、希望什麼，他們最大膽、最前衛的夢想是什麼，你就賣給他們……。人們要買的，絕不是他們需要的東西。他們要買的是一個夢想、一份希望——他們希望你們的商品能實現他們的願望。」仔細傾聽後你就會發現，所有廣告詞都是一種「意義上的承諾」，真正有意義的商品卻沒有人要買。整個廣告系統的運作方式其實就是：永遠對消費者說出不會實現的承諾。它的道理很簡單，就像在驢子面前吊紅蘿蔔的寓言故事一樣。磨坊裡的驢子為了要吃到紅蘿蔔會一直轉動石磨，但牠永遠吃不到那根紅蘿蔔。

最吸引人、最有效果的紅蘿蔔，就是「限量」或「專屬」的感覺。比方說，消費者總希望一只錶不只能告訴他時間，最好還能讓他覺得：他屬於某種獨享尊榮的階級。不過現在這時代，隨便一家生產便宜服裝的紡織集團都能請頂級設計師代言，隨便一家連鎖超市都能請五星級主廚推薦有機食品，要製造專屬或限量的感覺越來越困難了。消費者已經漸漸覺悟，縱使是最盲目的消費者也不再是那麼好騙，很難再讓他相信大量製造的商品是所謂的精品、高檔貨。這種伎倆曾經很有效，限量生產的手法的確成功地製造出一種假象：工廠裡大量製造的東西是不可多得的精品。

精品集團小心翼翼地避免產品在市場上貨滿為患，為的就是要提高消費者對其產品的渴望。此外，「讓客人等待」也是他們的慣用伎倆，想要購買愛瑪仕的凱莉包，或是勞力士戴通納系列錶，很可能都得等上十天半個月，甚至是一個月——雖然就技術上來講，立即滿足客戶的需求根本不成問題，但他們絕不會這麼善良。

最近連在魯爾工業區的大眾運輸系統裡，隨時都可以看到至少有三個人背著古馳或

ＬＶ的包包。即便不是昂貴的真品，而是便宜的仿冒品，大家也不會覺得不好意思。是啊，沒錯——現在用真品的人才叫遜斃了！殊不知這些贗品可是千里迢迢、遠渡重洋而來的。雖然為數眾多，但「真正的」贗品可不是在德西隨便一條大街上就能買到，可是得遠赴香港或曼谷才有呢！二姊葛羅莉亞在接受《明鏡》雜誌專訪時竟公開承認，她寧願去買價格只有十分之一的仿冒品，也不想背昂貴的ＬＶ真品。她還說：「那些真品讓俄國的暴發戶去買好了。」就連我的岳母大人也一樣，她竟把香港買的卡地亞手錶仿冒品拿到慕尼黑的卡地亞專櫃去要求修改，而且還一副天經地義的模樣。當服務人員小心翼翼地跟她說那是一件贗品時，她竟然漫不經心地回答：「我知道啊。」如果連我姊姊和岳母都這樣的話，顯然工業化的精品時代已經走到窮途末路了。

古時候象徵身分地位的黃金和貴金屬呢，如今它們的處境如何？它們的確還象徵著「某種」身分地位，只不過現在的代表意義是：戴它的人的確沒品味，而且還滿身銅臭味——也許五分鐘前才剛從錢堆裡爬出來。如果有人真的想買「金飾」，告訴你一個最方便的好辦法，你只要打開電視的購物頻道就行啦。連蘇黎士最繁榮的站前大街或漢堡最高檔的名店街都找不到的驚人款式，在那裡保證能買到：比方說，像香腸一樣粗的金鍊子，像痔瘡一樣大的金戒指，或是符合帝王品味的手鐐腳銬。只見主持人拿起一件件金飾在鏡頭前要求特寫，並且信誓旦旦地向觀眾保證：那些「國王或王子」全都愛死這種手鐐腳銬式的首飾，而且今天提供的可是全球限量版喔，觀眾朋友最好現在就撥電話進來，剩下沒幾組了，要買要快！如果想藉新式科技彰顯自己的身分地位，效果也跟過去「適得其反」。比方說，過去大家喜歡拿行動電話來突顯自己的身分地位，但今天可行不通了。第一支行動電話問世時確實引起轟動。講到我的第一支手機，現在我還會依依不捨，那是西門子公司出產的手機，體積足足有一個中型女用背包的一半，重量大約五公斤。它的鈴聲是種很可怕的警報聲，每次只要一響起，全車廂的人都會投來訝異的眼光。反觀今天，再沒有任何東西比手機更普遍了，真的想跟別人不一樣，反而要放棄隨時隨地都能被通緝到的可能性。當你看見一個儀表堂堂的成年人，卻像迷上任天堂的孩童般拿著一支手機不停地按，這不是很可笑嗎？實在很難想像他是一個有腦袋的成年人。想像一下這樣的場景：總理梅克爾坐鎮在辦公室裡，卻像在玩任天堂的孩子不停地按手機、發簡訊——唉，還真不堪想像。

反消費的有閒階級

除此之外，還有另一種彰顯身分地位的方法，那就是消費——事實上，拒絕消費更能展現你的氣宇軒昂！分析歷史可以發現，物質氾濫很少能為人們真正帶來享受——為什麼呢？不難理解，因為本質上它就是不能。前面曾經提到，美國經濟學家托斯坦．維伯倫曾在他的著作《有閒階級論》中提出以下論點：「會賺錢」代表的意義是強悍、聰明，但相反的，「貧窮」代表的卻是沒用、失敗者。維伯倫提出來的看法，一直到最近都還有很多人認同。只要有能力換新車，這個人肯定是社會的中堅份子，既勤勞又值得敬重。相反的，開著一部破舊老爺車招搖過市的人，肯定是又懶又笨的窩囊廢。

在資本主義信徒的世界觀裡，消費是社會上每個人的責任，唯有「消費得起」，才代表這個人很認真、很努力，消費是勤奮的具體象徵。因此有很長的一段時間，物質氾濫代表了市民階級的本分和榮譽。幸好這種觀念已經有所改變。今天如果還有人沉溺在物質浪費中，一定會遭人側目。（莫非他是俄國暴發戶？小白臉？還是詐領保險金的有錢寡婦？）如今真正奢侈的反倒是，你能不能自覺地拒絕強迫性的消費行為。就像前面分析過的，消費行為不但不會讓我們的生活變得更輕鬆，反而會給我們帶來許多不必要的負擔。所以，置身在這個經濟景氣持續下滑的時代裡，我們反而有機會改善自己的生活品質。

在二十世紀的最後十年，忽然興起了一股反消費運動——反對過度消費的社會。在美國出現了許多相關書籍，比方說一九八四年的《雜亂的最後據點》（*Clutter's Last Stand*），和一九八九年的《自願簡樸》（*Voluntary Simplicity*）。到了二〇〇〇年，更有反跨國集團全球化勢力的先驅娜歐蜜．克萊恩（Naomi Klein）的著作《無標誌》（*No Logo*）。這股反消費主義運動的大本營位於加拿大的溫哥華。

《文化攪和》（*Cultur Jam*）的作者卡勒．拉森（Kalle Lasn）就住在溫哥華。他在溫哥華辦了一份《廣告剋星》（*Adbusters*）季刊，這份刊物之所以全球聞名，不僅因為拉森在上面發表了許多文化理念與看法，還因為他精彩的「顛覆廣告」，他在這些廣告裡同樣應用一般商業廣告慣用的廣告心理學，藉此來反諷商業廣告所鼓吹的消費行為。最有名的一則顛覆廣告就是在諷刺ＣＫ：一如ＣＫ的原版廣告，一個男人非常驕傲地看著自己的內褲，但是上面卻寫著「著了魔」。另一則廣告則是反諷駱駝牌香菸：在原版的香菸廣告裡，英俊挺拔的男主角名為喬．駱駝（Joe Camel），但在拉森版的顛覆廣告裡，卻有個名叫喬．化療（Joe Chemo）的癌症病患正奄奄一息地躺在病床上。

除了平面廣告之外，拉森還製作了許多「顛覆電視廣告」，可惜這些廣告通常只能在電影頒獎典禮上被當作觀摩片來欣賞，因為根本沒有電視台敢播這些廣告。試問哪家電視台願意得罪自己的廣告客戶？拉森認為，如果有一天他的顛覆廣告可以在電視上播放，將是他們這股反消費運動的最大勝利，因為這無異於直搗黃龍，直接攻陷了「消費文化的總司令部」。

拉森製作的電視廣告所「廣告」的內容有：鼓吹「罷看電視週」，挖苦美容產業所引起的厭食症和瘦身風，甚至還公然挑釁汽車業者。參與製作這些顛覆廣告的工作人員大多都是廣告界的菁英，他們在廣告界都有極出色的表現，但基於「良心不安」——套句拉森說的話——所以才加入他的工作行列。

信用卡保險套

為了不讓自己的「強迫性消費行為」得逞，其實我們有些技巧可以運用。比方說，美國的反消費主義者就發明了一個新名詞：「罷買日」。這些人真聰明，甚至還形成一種運動；大家可以試著一週選一天，例如週五，規定自己這一天絕對不花一毛錢，不管是現金或刷卡都不行。這其實很難辦到。你不妨試試看，玩過的人都會發現，原來我們一天中有那麼多無意識的消費行為。如果你也想試試看，最好你沒有那些得經常花現金的習慣，比方說抽菸或喝咖啡，這樣試驗結果才會比較理想。

有人在美國做了一項創舉，大力推廣「信用卡保險套」。其實就是把信用卡裝進一個小信封裡，然後在信封上寫下警語：「你真的需要這個東西嗎？」「你買這個東西只是為了填補心靈空虛嗎？」每次刷卡前，因為必須先把信用卡從「保險套」裡抽出來，所以一定會看到這些警語。想當然爾，這項不方便的創舉最後既無法貫徹，也無法推廣——

絲毫不令人意外。不過，存在背後的觀念卻叫人激賞：我們買的東西其實大部分都是多餘的，反而是我們精打細算、考慮再三才買的東西，才是真正需要的。

還有件事我一定要特別提出來警告大家：千萬別貪小便宜！別看到特價就亂買，這樣浪費掉的錢絕對不亞於揮霍。只要一經濟不景氣，市面上就會出現各種教大家怎麼省錢的書。內容大概都是：去廉價阿迪超市買十三・五歐元的香檳，或到鐵路局失物招領處的定期拍賣會上，買一輛才四十歐元的登山腳踏車。如果你真的要照本宣科，那麼請你務必先問問自己：我真的非喝這種劣質香檳不可嗎？我真的需要一輛登山腳踏車嗎？假如你不幸住在漢堡，不管往哪個方向出發，方圓三百公里內都不一定遇得到上坡，請問你到底要登山腳踏車幹嘛？連鎖商店的經營者早就識破我們這種「遇到降價非買不可」的貪小便宜心態。你到施萊克（Schlecker）連鎖超市走一趟，幾乎找不到任何一件「非特價品」。於是下面的結果就出現了：許多人撿便宜似地搶購正在特價的兩打裝車用抹布，卻完全忘記加油站的德政。加油站的水槽旁總是放滿抹布，加油時大家都可以順手把車抹乾淨。既然如此，誰還需要買這麼多抹布呢？我有個瑞士朋友，突然有一天決定以後只買特價品。嗯，這決定不錯，還算很理智。但不久後，他竟然變本加厲起來，只要看到特價品就通通買回家。終於有一天，他買了張貓墊回來，這時他才驚覺自己真該節制了——因為他根本沒養貓。

少買一點

其實，「拒絕購買多餘東西」的觀念並不新穎。幾乎在每個富裕年代結束前，都會有人提倡反消費。在古希臘羅馬時代結束前，有人藉美學觀點反對消費；中世紀則是基於宗教理由；英國工業革命發展到最高峰時，則有浪漫主義者與沙龍社會主義者跳出來反消費，並認為消費主義只會為人帶來不愉快，其中的代表人物為約翰·羅斯金（John Ruskin）和威廉·莫利斯（William Morris）。只可惜這些主張從來沒有真的蔚為風潮，原因當然是：他們的反對理由，道德意味太濃。在十九世紀時，約翰·羅斯金義憤填膺地指責同胞只看到經濟繁榮與進步，全然丟失了生命意義與真諦。他說：「真正的富裕是善用生命對愛、對快樂、對好奇永無止境的力量，除此之外別無富裕。」許多人在《週六評論報》上公開批評他，揶揄他的口吻像個「愛說教的老太婆」。

不過今非昔比，如今反消費再也不是什麼行為規範或道德問題了，甚至算不上環保問題，因為環保提倡的主要是垃圾分類。時至今日，我們真的不能不限制自己的消費行為。我們面臨的窘境是，如果再繼續以往的消費方式，我們偉大而神聖的富裕繁榮將大受戕害，唯有拒絕購買多餘的東西，我們才能有機會獲得解放。但是工業界還想反撲，想阻止這股反消費趨勢，他們挖空心思在市場上推出無數投市場所好的的健康與瘦身產品。據說這些產品完全對健康無害，無論是洗澡用的肥皂或是保養用的乳液，全都可以直接塗在麵包上當果醬吃。這些產品的走紅和流行，其實是消費工業垂死前的最後掙扎。一切只是時間的問題了，總有一天，世界上的每個角落都會出現消費飽和的窘境，到時候所有人都將認清：**富裕雖然買不到，卻是可以達到的，方法就是「少買一點」**。

第三部

富裕有礙天分

13 錢是幸福的絆腳石？

我不得不說：歡迎加入窮人行列！只不過希望你不要年紀太大了才加入。富裕比貧窮更有礙人發揮天分，許多原本有機會成為偉大思想家或藝術家的人，經常都是被金山銀礦、位高權重所埋沒。

——德國哲學家尚．保羅（Jean Paul）

事實擺在眼前，那些被稱為「奢侈品」或「豪華精品」的東西，大部分都既沒品味，又只會造成我們的負擔。既然有熱騰騰、香噴噴，帶有濃濃奶油香味的麵包，誰還需要松露呢？如果有一天，便宜的鯡魚也變成像魚子醬一樣昂貴，我想，全世界最有錢的寡婦都會對它趨之若鶩，品嘗時不但要心存感激，還要擺出勝利的手勢！

其實，只要生存不受威脅，就無須苦哈哈地過日子，只要付得起房租，買得起我們真正需要的東西，人就可以心滿意足、幸福快樂地過日子了，甚至還能過得充滿格調——除非他還有個夢想：「我要變成有錢人！」這將成為他永遠的惡夢，因為現實和夢想之間的落差，將讓他永遠無法滿足。所以，想讓自己變得不快樂，最有效的辦法之一就是：快去買樂透！

我們有多少錢、多少銀行帳戶，跟我們能不能幸福快樂一點關係也沒有。有錢絕不可能讓我們過得比較幸福。許多有錢人早已體認到這一點，所以總是非常羨慕平凡人過的「簡單生活」。可惜，無論他們再怎麼努力，還是很難擺脫物質氾濫的糾纏，所以他們通常無法實現「簡單生活」。但窮人不同，窮人根本不需要刻意，就能過得很簡單，甚至還過得很有格調，經營出一個不受物質氾濫戕害的純淨生活，因為他的環境迫使他不得不如此。有錢人就像是錢的奴隸，縱使下定決心或千方百計想擺脫金錢的糾纏，終究難以如願。雖然資本主義耍盡各種花招要我們相信「窮才是可憐」，其實真正的可憐人應該是有錢人。一般人都很羨慕有錢人，因為他們很會賺錢，實際上他們賺到最多的卻是：可憐。

比方說，大多數的有錢人會一天到晚擔心自己被偷、被搶。我就認識一對這樣的夫妻，他們住在蔚藍海岸的起點聖托培，他們在那裡有一棟美輪美奐的豪宅，美麗海景盡收眼底。不知情的人肯定要羨慕：這種生活簡直就是夢想成真。事實上，他們卻像被囚禁在牢房裡，因為屋內全是價值不斐的藝術品。一進門，玄關就擺著一座傑克梅第1的雕塑品，餐廳裡掛的是雷諾瓦真跡，臥室裡則有畢卡索名畫。這些藝術品若想投保，還要接受保險公司的嚴苛條件：必須要有完整的保全系統，家裡必須二十四小時有人看守，還要有警衛巡邏。

為了享受蔚藍海岸的浪漫夜晚而在此買下豪宅的夫妻，從此不能一起出門了，因為一定要有人留守家中。當他倆晚上一起待在這座黃金鳥籠中時，還要忍受留著落腮鬍的「保全人員」每隔半小時就來報到，並且透過落地窗仔細觀察他們的一舉一動，以確定一切正常、沒問題。

我所見過最可憐的有錢人是馬克・富有（Marc Rich）。他真的叫做富有。他是美國人，據說他會這麼有錢是因為從事原料貿易——當然也有靠逃漏稅、詐欺，以及一大堆國際非法交易囉，比方說和伊拉克或利比亞所做的秘密交易。不過他最後還是被美國中情局給盯上，並且成了通緝犯。雖然他逃到了瑞士，並且在楚格省獲得政治庇護，但從

1 Alberto Giacometti（1901-1966），瑞士畫家、雕塑家。

此之後，他再也不能離開瑞士了，因為只要一離境就會被逮捕。從前富有先生無論想去哪裡，就能立刻搭上他的私人專機飛過去，現在卻寸步難行。他很快便得了「猛爆性瑞士幽閉恐懼症」。所幸柯林頓總統在卸任前赦免了他，即時救了他一命。但是至今沒人知曉富有先生有沒有為了表達他個人的小小謝意，而讓柯林頓總統的某個瑞士人頭帳戶大有斬獲？不過，這又是另一個話題了。馬克．富有是被囚禁在自家豪宅猶如囚禁在監獄裡的另一個悲慘例子。

哪裡最常見到這樣的人呢？除了前面提到的楚格之外，還有蒙地卡羅及百慕達。會去這些地方生活的人大多是逃稅者——一群特別讓人覺得可悲的人。這些人這麼有錢，世界上任何地方都住得起，大可選擇自己喜愛的地方住下，卻為了怕繳區區幾百萬稅金給政府，怕自己的財富因此少了九牛一毛，而將自己禁錮在一座小島上，或窩在像楚格這類窮鄉僻壤裡。基本上，繳稅並不會降低這些富豪的生活水準，甚至一點影響也沒有，但一毛不拔、死守著錢的習性，以及害怕錢被別人拿走的心態，卻害得他們一直待在自己不喜歡的地方，還像蹲牢房似的失去了自由，而且還得忍受巨大的孤寂感。

說到「孤寂感」，我在慕尼黑認識一個很討人喜歡的年輕人，他從小家境清寒，很年輕就開始賺錢了，後來被市立足球隊網羅，簽約後更成了有錢的職業足球員。雖然躋身高薪階級，但這個年輕人並不認為自己有必要疏遠以往的好朋友。但遺憾的是，他們之間的關係已經變質了，再也不可能像從前一樣。每次跟朋友一起出去，他總是堅持請客，但久了之後，他的好朋友覺得越來越不舒服。另外還有一些投機份子看準了他的慷慨，刻意接近他成為他的朋友，跟著他白吃白喝。那些從小跟他很要好的朋友漸漸疏遠了他，他則沒有興趣繼續跟那些喜歡跟著他白吃白喝的寄生蟲交往。後來他幾乎只跟自己收入差不多的人交朋友。對他而言，這似乎成了唯一安全的交友圈，可以不必擔心被人利用。現在他的交友圈變得很單純，素質整齊，卻無聊透頂。

有錢人最讓人覺得不舒服的地方就是：他們很喜歡堅持「別人不能因為他的錢而愛他」。這怎麼可能呢！別人是不可能「因為他的錢而愛他」，別人只會「縱使他很有錢還是愛他」。其實「有錢」會讓大多數人變得吹毛求疵、整天怨天尤人，既麻煩又囉唆，而且還特別喜歡追求完美，所以啊，人家是不可能衝著有錢人的毛病來愛他，只可能是因為：雖然他這麼討人厭還是願意愛他。正是這個矛盾點，讓大家可以在文學上大書特書。瞧！滿圖書館的文學巨作，成千上萬的舞台劇和電影劇本，都是拜此矛盾所賜。

適婚年齡的有錢人最擔心的，莫過於愛上一個貪圖他財富的人。不過越擔心，越有可能變成真。摩洛哥的卡洛琳公主從小就被訓誡不可以嫁給一個只看上她錢財的花花公子——結果，她就偏偏挑了個跟父母擔心的情況一模一樣的人：菲利浦．尤諾特。唉，不說這些令人沮喪的真人真事了，讓我來說個笑話吧！話說有兩個紐約女孩是好朋友，兩人多年不見，有一次又碰面了。當中一位手上戴著一顆好大的鑽戒，於是另一位就讚嘆道：「哇，好美！」戴鑽戒的那位卻回答：「是啊，美則美矣，只可惜被下了派拉特尼克的詛咒。」她的朋友很好奇，什麼是「派拉特尼克的詛咒」，戴鑽戒的那位回答：「就是派拉特尼克先生啊。」

富裕會湮沒天分

大部分的巨富都讓人難以忍受，真是非常可惜——我認識的那些百萬富翁當然除外囉。唯有繼承到「視金錢為無物」觀念的有錢人，才會讓人可以忍受。不過這些人有個特徵，因為他們不在乎錢，通常不是很快就把錢敗光，就是喜歡在別人面前「努力」裝窮，這樣不僅不自然，還可能搞得大家都很累。

有一次，又是因緣際會，我在格斯達遇到一大堆有錢人家子女——這些年輕人的父母都有錢得嚇人。格斯達位於瑞士首都伯恩的北方，是個阿爾卑斯山的山中小鎮。到了旅遊旺季，這裡簡直成了各國首富的集散地。在晴空萬里、豔陽高照的日子裡，那些悠閒散步在格斯達寧靜、沒有車聲街道上的繼承人或未來領袖們，身價加起來簡直可媲美歐盟所有國家的國民生產毛額。

當地的原住民，亦即伯恩的山地人，其實很討厭這些跑來霸占他們村莊的億萬富翁，只把這些有錢人看成一頭頭乳汁豐碩的乳牛，對他們是既期待又怕受傷害。事實上，這些在道瓊工業指數上全找得到其姓氏的富豪子弟們並不情願來這裡度假，他們對當地人也感到很抱歉，但為了不讓自己的父母傷心，才勉為其難到此。出於善意，他們幾乎每個人都費盡心思，讓自己看起來不像有錢人。他們故意穿很邋遢的褲子，模仿MTV裡的貧民窟小孩，聽美國嘻哈歌手痞子阿姆或饒舌歌手街頭小子的歌。最讓他們引以為傲的是：他們非常了解「正常人的生活」是怎麼回事。當中有一個年輕人說：他已經搬出父母家了，現在跟一些朋友合租了一間「破破爛爛」的公寓，住在福煦大道[2]這個「不怎麼繁榮的郊區地段」，還每天搭地鐵上學呢！另一個則是向大家坦承：他現在沒什麼錢了，因為他父親給他的生活費非常有限，原因是，他很厭煩每個人提到他姓氏時的那副模樣（「你是說，你姓戴爾？莫非是戴爾電腦的那個戴爾？」），於是改姓他母親娘家的姓。另外一個年輕人則是一交談便能聽出，他一定是個反全球化運動的激進份

2 巴黎最寬闊的林蔭大道福煦大道（Avenue Foch），寬一百二十公尺，道上綠意盎然，兩旁盡是巴黎最高級的公寓住宅。

子；他說，他只要一放假就會飛去參加反八國高峰會的示威遊行，或者飛去參加各式各樣抗議經濟高峰會的示威活動，他還很自豪地說，「那次」在瑞士達沃斯舉行世界經濟論壇時所發生的爆炸案，他也有份。

有時，豐厚的遺產非但不是你人生的助力，還可能是阻力。我認識一個年輕人，他的情況正是如此。他有一個富可敵國的企業家爸爸，父親一直希望兒子克紹箕裘，讀他讀過的大學，跟他一樣念企管系，畢業後成為他的接班人。但是，跟我們常聽到的例子一樣，這種兒子通常對自己的人生另有規劃或夢想；他最大的願望是成為藝術家。雖然父親一再威脅這個不聽話的兒子，要縮減或切斷他的生活費，不過話說得再狠，終究還是沒能切斷他的經濟來源。這種愛護，對我的朋友而言其實是一種災難。基於朋友道義和對他的同情，我不打算在此公布他的名字。

現在我這位朋友整天枯坐在他倫敦北區的工作室裡，卻從來沒有完成過一幅完整的畫。因為他沒有壓力，沒有那些住在他隔壁或樓下畫家們所必須承受的生活壓力，那些人甚至不知道他們下個月的房租在哪裡。縱使我這位朋友比那些潦倒的鄰居有天分，但在這麼優渥的生活條件下，他的天分根本無從開展。難怪德國哲學家尚．保羅會說：「富裕比貧窮更有礙人發揮天分，許多原本有機會成為偉大思想家或藝術家的人，經常都是被金山銀礦、位高權重所埋沒。」

富裕的詛咒

我多年來在富豪身邊觀察，而有機會發現一個非常有趣的現象：那些有品味的有錢人，他們追求的目標竟是「過簡單的生活」，而且越有錢的人，越覺得「過平凡的生活」非常奢侈。他們的郊區「宮殿」越宏偉，他們嚮往「麻雀雖小卻五臟俱全」的都市公寓就越強烈，而且坪數還要越小越好。除此之外，還有一件事也讓他們覺得很奢侈：他們希望不要每天坐在美輪美奐的餐桌前，獨自享用私人主廚專為他烹調的山珍海味，他渴望親自上菜市場（能去超市的話更棒），自己挑選一大袋食材，自己拎回家，然後再自己烹調，吃完後還自己動手把碗盤洗起來。

另外還有一件事也有異曲同工之妙，亦即八卦雜誌讀者最羨慕的：有錢人夏天可以搭遊艇出海度假。殊不知對有錢人而言，搭遊艇出海度假就像一般人去野外露營一樣，沒什麼差別。大家享受到的，都是在擠得不能再擠的狹小空間裡，三三兩兩窩在一個艙房裡睡覺，而且還要共用一間連轉身都有困難的小浴室。更慘的是，因為水塔裡的儲水量有限，大家為了節約用水，只能隨便洗個戰鬥澡——想舒舒服服、完完整整洗個全身浴根本是奢望。不過，這些有錢人還是會在白天興高采烈地穿上輕便的T恤滿船跑，說穿了：他們以為這樣就是在過「簡單的生活」。一般八卦雜誌讀者看到狗仔隊拍的相片，都是有錢人正在甲板上曬太陽，慵懶地做日光浴。於是讀者們便自己幻想出一種連神仙都不了解的「時髦生活」。其實，這些被偷窺的人一心想過的正是窮苦讀者的平凡生活，而且他們也正在看這些窮苦讀者最愛看的八卦雜誌，因為甲板上的陽光實在太刺眼——既然不方便閱讀，正好可以效法平民百姓，看看滿是圖片的八卦雜誌。

關於有錢人效法窮人過「簡單的生活」這件事，你大可當成笑話，也可以罵他們「不長進」。若仔細探究，這其實就跟喜歡藉健行、露營、野餐或戶外烤肉來標榜自己生活得很接近大自然一樣，事實上一點也不自然，不是嗎？如今的露營根本離不開文明所帶來的舒適便利。至於烤肉，雖然是在戶外，但烤的卻是食品工業為我們處理好、醃好的豬排、牛排。至於健行，那更談不上是直接接觸大自然了，因為健行者腳上踩的是最高檔的健行鞋，身上穿的是多功能透氣運動夾克，一心盼的則是：在累死人的大自然之旅結束後，可以重返我那富麗堂皇、溫暖舒適的家。如果我們夠誠實的話，坦白講：不管是誰，「樂在簡單生活中」根本只是一種惺惺作態，充其量只是象徵性的行為。

那些收入高得嚇死人的經理人，或吃飽沒事幹、身體欠勞動的富翁們，最近似乎厭煩了紅海邊的豪華度假村和非洲的摩里西斯，於是他們找到另一種更符合他們品味的度假方式：應徵牧場臨時工。許多瑞士旅行社都提供這種工作機會，聽說這些有錢人還爭先恐後擠破頭呢。其實早在這種極端的度假方式流行之前，暫時性的農村體驗營一直是貴族逃避禮教、擺脫束縛的一帖特效藥。在托爾斯泰的著名小說《安娜．卡列尼娜》裡，就有一段這方面的精彩描述：大地主萊文有一天去巡視農地，看到農民們正在收割乾草，他忽然也很想體驗看看握鐮刀的滋味。試過後，他覺得這工作真是太吸引人了，接下來幾天他都到田裡跟農夫們一起工作。下面節錄一段他和他弟弟塞爾傑的精彩對話：

「我也很喜歡這個工作。」塞爾傑說。

「我真的喜歡得不得了；我還跟農民們一起收割了好幾天呢！明天我還要去，而且要做一整天。」

塞爾傑抬起頭來，驚訝地看著他哥哥，「什麼？一整天都跟農民在一起？」

「是啊，我覺得好棒！」萊文回答。

「是啦，當作體能訓練的確很好，不過你真的受得了嗎？」塞爾傑嚴肅地問，沒有半點開玩笑的意思。

「我已經試過啦。剛開始確實很累，不過漸漸就習慣了。我相信，我一定做得到……」

「我等著瞧囉！不過，那些農民會怎麼想？也許他們會覺得你這個地主很奇怪，是不是故意要來愚弄他們。」

「不，我不相信他們會這麼想；這個工作需要大家同心協力，而且很辛苦，大家根本沒有時間多想。」

「但是你跟他們一起吃午飯嗎？難道要叫人把你的紅酒和烤火雞送去，這樣不是很尷尬嗎？」

「他們午休的時候，我就回家用餐。」

後來萊文連午休時間也不回家了，因為他根本不想吃他的烤火雞。作者寫道：「農民煮的麵包湯真是美味極了，萊文最後連午休時間也不回家了。」

法王路易十六的王妃瑪莉·安東尼做得更徹底，她乾脆命人在凡爾賽宮的廣場上蓋一座小農莊，她會把自己打扮得像個農婦，頭上還戴頂草帽，不但喝現擠的牛奶，還自己烘烤麵包，自製奶油和乳酪。巴黎市民攻陷巴士底監獄那天，她還高高興興地提著牛奶桶跟以她雙乳為模型做出來的牛奶杯，要去擠牛奶。她還稱那些特製的牛奶杯為「皇后之乳」。這些極端的例子證明了，嚮往過「簡單生活」所反映出來的其實是一種期盼，這種期盼大多還帶著一點絕望的心情，亦即期盼擺脫「富裕的詛咒」，縱使不能永遠擺脫，至少暫時逃避一下也好。

要就要不同凡響

如果反過來，讓窮人暫時逃離一下自己的貧窮生活，到物質氾濫的富有世界去感受一下，這種經驗可說是既刺激又迷人。不過有個先決條件：你只是要去比較一下，去搜集一下截然不同的經驗，並非要像樂透玩家那樣，妄想過一種永遠不可能獲得的生活——縱使獲得了，也不一定就能過得比較幸福。

在我的「比較」經驗中，最讓我印象深刻、最震撼的一次，就是受汶萊國王之邀到汶萊度假。真正有品味的富豪通常有一種需求，就是跟「普通人」做朋友。汶萊皇后甚至說，跟她親近的朋友比較起來，她更像是個「新貧族」！其實，真正有錢的人很少有機會逃出他們的象牙塔，只能透過少數幾扇「自由之窗」（例如求學階段或服役期間）結交到平民朋友，或一窺平民的真實生活。

汶萊國王在英國桑赫斯特皇家軍事學院求學期間，和一位英國農民之子結成好友。幾年前他這位死黨結婚，汶萊國王終於有機會暫時拋開令他窒息的宮廷禮儀和繁忙國務，飛往英國參加婚禮。婚禮時，我和內人有幸在典型的英國草坪上認識了這位很可能是全世界最富有的人。經過一整晚的相處，他跟一般人一樣，客氣地邀請我們去汶萊玩。

大約過了半年後，有一天大清早突然鈴聲大作，我接起電話，對方操著濃濃的外國口音，含混不清地說了一大堆。我心裡篤定認為，一定又是樓下轉角那個土耳其速食攤的老闆在問，今天他女兒可不可以牽我們家的狗去散步。我們牛頭不對馬嘴地扯了好一陣子，我才終於搞懂：對方是個講馬來話的外國人，他正努力地想用英文讓我了解，他們的國王想邀請我們去汶萊參加他五十七歲的壽宴。

我當然爽快地答應了。但有個棘手的問題：我們該怎麼去呢？於是我拐彎抹角，好不容易才讓國王的私人秘書了解：我們真的非常願意前去，只是飛越大半個地球的機票費不是我們負擔得起的。最後我們終於得以搭乘汶萊皇家航空公司的飛機。我的機票上依然照慣例印著「不得更換，不得退費」的字樣，卻註明：「由汶萊皇家政府支付」。

另外還有件事也非常有趣，那就是國王送發邀請函的方式。原來，國王不會親自邀請客人，而是命皇家總管來執行這件事。國王也不會透過郵局寄發邀請函，他會命專人送達。位於柏林的汶萊大使館奉汶萊國王之命，派員專程為我們送邀請函過來。當時我們還住在柏林的十字山，我們的公寓位在一棟不怎麼漂亮的新式建築裡，旁邊還有一間前面提過的土耳其速食攤。蓋這棟房子的建築師「很貼心地」在大樓入口處，也就是在信箱前的那塊空地，留了一段騎樓。這位建築師根本沒預料到，在十字山這種地方，我們家樓下的這種騎樓會有什麼樣的命運——它很快就被流浪漢霸占了；這裡不但能為他們遮風避雨，烈日當空時還能讓他們避暑。「整潔」顯然不是本地流浪漢注重的美德，大樓入口處很快便成了滿地破酒瓶、菸蒂四處散落、各種雜物堆積的垃圾堆，空氣中還瀰漫著一股濃濃的尿騷味。

汶萊大使館的官員到達時，肯定以為自己誤闖加爾各答貧民窟了。但是，當司機停下車時，流浪漢的驚訝也不在他們之下。所有的流浪漢都瞪大了眼睛，屏氣凝神地看著體面的汶萊大使館專員鑽出豪華的賓士車，躡手躡腳地越過他們的身體及垃圾，然後艱辛地用指尖將邀請函推進我家的信箱裡。邀請函是用最頂級的手工紙做成的，並且端端正正地捲成一束，材質堅硬到連折都折不下去。至於上面的字，我必須說：那根本是純金的！那種光澤絕非普通金屬。我小心翼翼地將邀請卡收起來，單是它的材料就讓我不得不認為：拿這東西去典當，肯定能幫我度過一個飢寒交迫的冬天。

幾星期後，伊蓮娜和我搭上了汶萊皇家航空公司的飛機，這家航空公司每星期會有一班飛機從法蘭克福經杜拜飛往「和平之國」汶萊。在我們踏上這架金碧輝煌的飛機時，我幾乎誤以為我們週而復始的經濟困境和生活夢魘已離我們遠去了。我們坐的是頭等艙，東方國家的航空公司對頭等艙的客人通常都服務得無微不至——這種頂級享受，我樂於照單全收；我努力地保持清醒，不想錯過任何貼心的服務。伊蓮娜卻蒙頭大睡，好像我們只是搭乘遊覽車要去鄉下小鎮遊覽。機長每隔一小時就會從駕駛艙裡鑽出來對我們噓寒問暖。感謝他的熱忱，我真是備感尊榮！我真希望這趟飛行永遠不要結束，可惜我們終究還是著陸了，下了飛機後，迎接我們的是一大清早就熱得嚇死人的汶萊氣候。

在機場迎接我們的是為數十二人的皇家代表團，帶頭向我們致歡迎辭的是國王的親姊姊。代表團中有一位德國駐汶萊大使館官員，這位官員對於他要迎接的「大人物」顯然聞所未聞。他當然對我們毫無所悉囉，他有必要認識我們嗎？縱使是一個最有責任感的德國外交官，對他而言，就算來的是德國伯爵和伯爵夫人，也不具有任何「官方」意義和價值。在不得已的情況下，他或許肯騰出一點時間來迎接一個到訪的德國地方議員，但一個名不見經傳的平民百姓（在他向柏林外交部回報時根本無足輕重的小人物），眼前這樣的陣仗就他來看根本是誇張至極。

我們在勞斯萊斯車隊的帶領下，被載去汶萊國王接待貴賓的國家賓館——幸好這裡有冷氣空調。我老婆決定先沐浴梳洗一番，我則決定先勘查一下地形，同時間，一群笑容可掬的侍者開始為我們整理行李。我們倆各有驚人的發現，她的是：縱使世界上最有錢的人，也不一定都有熱水澡可洗——原來賓館裡沒有熱水只有溫水。我的發現則是：我終於知道在拍賣會上買走莫內和塞尚名畫的神秘人物是誰了。

在一連串的官方慶祝活動如閱兵典禮、授勳儀式、國宴之後，我們終於獲得召見，並且進入金碧輝煌的皇宮。一眼望去，整個皇宮幾乎全由大理石和黃金打造而成。皇宮四處擺著巨大的花瓶，但花瓶裡插的不是鮮花，而是用寶石做成的假花——這個點子還真不賴，這種花照顧起來一定很方便，不過必定所費不貲！我們帶來一個小小樸素、青年風格的柏林皇家御瓷花瓶要送給汶萊國王，因為在汶萊國王喜歡的所有東西裡，只有這件是我們負擔得起的。

令人欣喜的是，汶萊國王所受的文化薰陶讓他深知，主人應該要讓客人賓至如歸，所以他總是慷慨地送客人一大堆禮物。在我們作客期間，汶萊國王每天早上命人把禮物擺在我們房門前，每天送給伊蓮娜和我各一只錶。可惜我們只在汶萊待了兩天。日後，每當銀行寄來「存款餘額不足，分期付款扣款失敗」的通知單時，我就會試著把其中一只錶拿去當掉。其實，這些錶還給我帶來不同凡響的奢華感，因為窮到連帳單都付不出來的人，手上竟然戴著一只價錢不亞於一輛小轎車的瑞士高級訂製錶，你說這種奢華是不是不同凡響？

在這麼豐奢的地方生活過後，還要再回到我們位於十字山的寒酸公寓，真不是件簡單的事。等在家裡的是堆積如山的催繳單，還有電信公司發給我的簡訊：您的手機將被暫時停用（下面還有我的電信公司署名）。另一方面，這次的經驗卻也讓我徹底覺悟到：不要拿別人的生活方式來衡量自己的生活，因為這麼做絕對沒有意義。夢想跟別人過一樣生活的人，永遠不可能變得富有，因為縱使他已經很有錢了，還是有人比他更有錢，過得比他更豪華。所以這種追求是永無止境的。我們真正要學的是：懂得去感受自己的富足，懂得珍惜自己所擁有的東西並心懷感激，正因為我們擁有這些東西，我們才不必對那些我們沒有的東西感到遺憾，更不會因此感到貧窮。

有一次我幫《君子》雜誌訪問阿德南・卡秀吉，他在八〇年代常被稱為是「全世界最有錢的人」。他坐在他的私人專機上——一架波音商務噴射機，當時這架飛機正停在倫敦希斯洛機場上動彈不得，因為一輛卡車誤撞了它的機尾。我趁著卡秀吉在等替代班機的空檔為他進行專訪。透過窗戶，我們看到停機坪上另有一架飛機，看著看著，卡秀吉竟然看呆了，那是一架灣流五型噴射機，飛機的主人是英國金融大亨高德史密斯爵士（Sir James Goldsmith）。整架飛機的顏色是純白色的，只有一條英國賽車綠的條紋從機首貫穿機尾，畫出一道青彩，而且機尾也不像一般飛機那樣標上一個制式的英文字母，而是非常性格地繪出一條蠍子。卡秀吉全神貫注地盯著眼前這架飛機，並且開始為自己的波音噴射機辯護，他不斷細數它的優點，但明眼人一看就知，卡秀吉已打定主意非買一架跟眼前這架一模一樣的流線型噴射機不可。

不管是哪種收入的人，「我也要跟別人一樣」的慾望，都是讓自己不快樂的最有效方法之一。為了變得比較快樂，我們必須認清：人跟人之間本來就存在著差異，如果我們硬要追求自己負擔不起的東西，只會讓自己變得更不快樂，甚至變得不幸。

一無所有，卻擁有萬有

有錢人如果想過得快樂一點，其實有一個辦法。耶穌的門徒使徒保羅大約在二千年前，曾提出這樣的生活原則：「似乎一無所有，卻擁有萬有。」如果你能將生活水準保持在低於你的經濟能力之下，你將獲得許多意想不到的好處。頭一項好處：你的品味將大幅提升。女作家羅莎蒙·皮爾徹（Rosamunde Pilcher）就是一個最佳例證！皮爾徹出生在一個極為富裕的英國家庭，婚後和丈夫一直住在蘇格蘭一棟寬敞舒適的鄉間別墅裡。成了暢銷書作者之後，她覺得自己這把年紀不適合再過招搖的生活，所以在銷售量突破百萬本之後，反而跟她先生搬出原本舒適寬敞的豪宅，換到一間樸素的房子去。

謹守保羅生活守則還有第二項好處，這項好處還非常實用：一個人若能一無所有似擁有萬有，縱使有朝一日失去所有財富，生活方式也將完全不受影響，也不會有適應不良，或痛苦掙扎的問題。一個人的生活習慣越奢侈，行為和願望越任性，那麼當他變得一無所有，就會感到越痛苦、越無法適應。比方說卡爾·馬克思和他的妻子珍妮，若將他們兩人流亡至倫敦後的行為比較一番，就可以發現馬克思不如他的妻子。馬克思向來習慣身邊隨時有好幾個傭人服侍，所以他不但無法適應流亡生活，還不斷抱怨妻子得親自下廚；馬克斯妻子的個性卻迥然不同，她非常謙遜，不像馬克思那樣只會鎮日坐在那裡怨天尤人。流亡後，她甚至迷上了烹飪。她擁有她丈夫所欠缺的特質：願意以務實的態度面對人生困境。「看清事實」是一種雖不感性，卻值得大力推崇的傑出能力。

至於那些將保羅生活原則更加發揚光大，甚至延伸到自動放棄所有財富、放棄所有對個人造成負擔之物的人，他們的行為真的更值得稱頌嗎？到底哪種人比較值得推崇？是遇到逆境後才坦然面對失去的人？還是將窮人藝術發揮到最高境界，願意無條件放棄財富之人？其實就我個人淺見來說，沒事就願意先自動放棄一切權力、財富及社會地位的人，乍看好像擁有很高尚的情操，但我卻總覺得他們的行為有點矯揉造作。

在歷史或文學的例子裡不難發現，所有視財富如糞土的人，幾乎都來自經濟狀況極好的家庭。例如隱姓埋名在自家門前當乞丐的羅馬貴族之子阿歷克賽[3]，或富有的商人之子聖方濟，以及追隨他放棄貴族生活的伴侶聖克拉拉，或成為釋迦牟尼佛之前的印度王子悉達多太子[4]。這些以追求苦行而聞名的人或視富貴如糞土的人，經常來自社會階級較高且較富有的家庭，而且比例高得嚇人。

名哲學家維根斯坦的例子尤其值得一提。在奧地利劇作家托馬斯・貝恩哈特（Thomas Bernhard）的《維根斯坦的姪子》一劇中，主人翁在談到那個極富盛名的叔叔時就曾罵道：「一個大富翁窩在村子裡教書，這像話嗎？這樣的行為不是自甘墮落是什麼？」

維根斯坦的家族是奧地利最富有的三大家族之一，不過他個人的威望和魅力卻來自他著名的「浪蕩行徑」：棄財富如敝屣。他不但四處招搖其「節儉」，還一天到晚賣弄「苦行」。第一次世界大戰期間，身為軍人的他自願放棄所有財產，無條件轉贈給兄弟姊妹。戰後不但不肯進大學哲學系教書，還窩在山裡的小學當教員。不過，他終究還是成了他那個時代最偉大的思想家，並且讓所有大學生將他奉若神祇。在劍橋大學的教授披著威嚴的斗篷不可一世地走在大街上時，維根斯坦卻穿得破破爛爛，外加一件皺巴巴的蘇格蘭斜紋呢絨夾克。這樣的打扮很快便蔚為流行，劍橋大學哲學系的所有學生都一窩蜂地效法這位哲學大師，並徹底模仿他的生活習慣。大家開始流行睡小床，購物時用簡陋的網狀袋裝蔬菜，據說「這樣蔬菜才能呼吸」。大家還學維根斯坦吃得非常節儉，最流

3 指伊德薩的阿歷克賽（Alexius），出生於羅馬貴族之家，新婚之夜便離開妻子，在伊德薩（現名烏爾法，位於土耳其南部）過禁慾苦行的生活足足十七年，生命的最後十七年則是以無名乞丐的身分在父親家門前乞討。後被封為聖人。

4 赫曼．赫塞小說《流浪者之歌》的主人翁悉達多太子，也有人將他視為成佛前的釋迦牟尼佛。

行的吃法就是：炒芹菜配溫開水。不過，當我們這位無慾無求的富家子弟厭倦了苦行角色，想換換口味調劑調劑時，就可飛回奧地利家人身邊，回味一下有錢人的滋味。

要戒掉貴族的習氣其實非常困難。如果有機會問問那些親眼見過維根斯坦生活的人就會發現，其實維根斯坦的儉樸是一件非常非常表面的事。他雖然思緒銳利，卻非常傲慢自大，一如維也納的上流人士，他的所作所為，包括被他搞得眾所皆知的儉樸行為，其實都充滿一股濃濃的造作意味。

同樣的例子還有威廉．布洛斯5。我是透過我的藝術收藏家好友卡爾．拉斯婁結識布洛斯。布洛斯和金斯堡6以及傑克．凱魯亞克7一樣，都是美國嘻皮運動的先驅。布洛斯喜歡用反市民階級的生活來彰顯自己批判文明的理念，但無論如何都無法抹滅其富家子的背景，而且他還喜歡像會計主管一樣，老是穿著一套灰色西裝。其實他祖父就是計算機發明人，並且一手打造出勢力龐大的布洛斯集團。布洛斯筆下的人物比爾住在紐約，小小年紀就成天與流氓和妓女廝混，看盡後街人生的罪惡與墮落。為了吸毒，他開始搶劫地鐵內的醉漢，有段時間甚至下海當牛郎。布洛斯以敏銳的觀察力和生動的筆觸，道盡社會最底層者的悲慘人生。

當家境並不富裕的金斯堡和凱魯亞克想激怒布洛斯時，就會故意嘲笑他，說他父母肯定幫他買了好多基金，他這輩子衣食物無缺囉。不過照情形看來似乎不是這麼回事；

布洛斯在南美洲旅行時，還一度因為缺錢而賣了自己心愛的打字機。但有一件事可以確定：數十年來，布洛斯的父親每個月都會寄支票給他。布洛斯在初期只用筆名發表文章（這些作品包括了他的成名作《吸毒者》），他之所以用筆名，就是因為怕父母從此不再寄支票給他。

布洛斯在小說中對作姦犯科、雜交、吸毒者有許多精彩而感人的描述。若說到自己的生活，他在現實生活中從來沒有真正感受過壓力。對布洛斯而言，創造這些人物和劇情根本只是純粹的感官與智能享受。富家子弟與窮作家的雙重身分不但沒有阻礙他創作，也許反而正是這種衝突性，增加了他的小說的可看性與魅力。

---

5 William S. Burrough（1914-1997），美國當代著名作家，代表作有《吸毒者》、《裸體午餐》等。

6 Allen Ginsberg（1926-1997），美國著名詩人，與威廉．布洛斯、傑克．凱魯亞克皆為摯友，曾因出版詩集《嚎叫》而被以淫穢罪起訴，但法官最後的判決是，其詩具有「救贖性的社會意義」。

7 Jack Kerouac（1922-1969）。代表作《旅途上》，《達摩流浪者》。《旅途上》的出版不僅奠定了他在美國文壇上的地位，他本人更成了「垮掉的一代」的代言人。

無慾無求的傳奇貴族之後

同樣該被歸為「無慾無求之紈褲子弟者」還有切．格瓦拉8，他是時代的偶像，是被剝削者的復仇英雄與殉道者，但其出身顯貴卻是不容狡辯的事實，為了尋求平衡，他對金錢和地位刻意表現得不屑一顧。一九五九年，在和卡斯楚9共同推翻古巴獨裁者巴提斯塔的政權後，格瓦拉被任命為古巴央行總裁兼工業部長，並被冠上「切」這個外號，這個字就有點類似德文裡的「同志」之意。切．格瓦拉接待貴賓的最高規格是：袒胸露肚，襯衫的釦子一路敞開到肚臍，穿著全是破洞的襪子的腳翹在桌子上。他一直都有個夢想，有一天要廢除古巴的幣制，讓大家再也不需要錢了，還夢想把人民教育成具有超高道德水準的人，並讓整個社會與經濟都朝著「為群體謀求最大利益」的方向發展。除此之外，他還自許成為一個公正而嚴厲的法官；被他判處死刑的人至少超過二百人，有些還是他親手處決。

完成在古巴的使命後，為了落實解放全世界的理想，格瓦拉到了剛果，結果卻弄得灰頭土臉。剛果人民覺得深受這位激進的革命貴族所威脅，後來他只好再轉戰玻利維亞，並策劃推翻當地原有政府。不過，跟隨他的只剩下一小撮死忠份子了。說真的，玻利維亞的農民根本不認為自己需要被解放，也不認為格瓦拉是他們的救世主。玻利維亞的絕大多數農民，甚至連最窮的，也都有一小塊屬於自己的土地，所以根本沒人能接受格瓦拉一切歸公的無產階級理論。我們這位偉大的革命家再次淋漓盡致地展現了他絲毫不知民間疾苦的特色：跟他解放全世界的偉大目標比起來，玻利維亞貧苦農民的真正需求根本微不足道，他一心只想忠於自身階級所追求的高貴情操與目標。一九六七年十月，當他在叢林裡被美國中情局所扶植的玻利維亞軍逮捕時，手上還戴著兩只勞力士名錶，並且身懷現金一萬五千美元。

在切．格瓦拉壯烈成仁之後，他成了人們崇拜的另類基督聖徒，不久之後，猶如流行工業在報復他清教徒般的革命理念般，他的肖像成為時髦的象徵。如今市面上不但有「切牌啤酒」、「切牌香菸」，還有一大堆以他為標誌的產品——或許處決並不是對他的

8 Ernesto Ché Guevara（1928-1967）。被西方和拉丁美洲國家冠以「紅色羅賓漢」、「共產主義的唐吉訶德」等稱號的格瓦拉，乃古巴社會主義革命領袖及游擊隊首領，在全世界各地影響了無數青年，成為一個獨一無二的革命偶像。根據其年輕時的旅行日記改編而成的電影《革命前夕的摩托車之旅》就是描寫他二十三歲時和朋友騎摩托車及徒步旅遊美洲的經歷。在一九五六到一九五九年之間，他和卡斯楚一起領導古巴革命，後來又前往玻利維亞帶領游擊隊作戰，最後被美國所扶植的玻利維亞反游擊隊逮捕並槍決，死時年僅三十九歲。

9 Fidel Castro，一九五六至一九五九年間領導古巴革命，在西半球建立第一個共產國家。

最大懲罰，讓他成為商業標誌才是對這位貴族革命家的最大懲罰。無論格瓦拉多麼嗜血成性、喜歡處決罪犯，或是他對赫魯雪夫有多麼不敬（古巴危機時，赫魯雪夫並沒有依照他的要求對美國發射核武飛彈，不但如此，還對美國做出讓步），都無損他所締造的「切．格瓦拉神話」：格瓦拉成功地塑造出苦行者及窮人復仇者的英雄形象。事實上，不論是古巴、剛果或玻利維亞的窮人，大家只要一聽到「格瓦拉同志」這個阿根廷市民階級之子及醫學系學生的名字，都會退避三舍。

在世界歷史中以儉約聞名，自願放棄財富，並成就偉大傳奇故事的人物中，聖方濟可說讓其他人相形失色且望塵莫及。他不但成了聖人，還創立了獨幟一格的修士教會。聖方濟乃富有布商之子，從小衣食無缺，但在真正成為教徒後，金錢之於他就猶如糞土，他不但以身作則，還常對教會裡的修士耳提面命。據說某次有個信徒到他的教會來，離開時在十字架下奉獻了一些錢，教會裡的一位修士看見了，不假思索便拿起錢，丟進供人許願的神龕裡。聖方濟不僅把他嚴厲地訓斥了一頓，還狠狠地處罰他，理由是：他竟然用手直接觸碰金錢。最後他還命令這個修士把錢裝入一個小袋子，丟進豬糞裡，「丟到屬於它的地方去！」

青少年時期的聖方濟目睹了市民階級對抗貴族階級的第一次暴動。一一九八年，阿西西的群眾攻占了城堡（這座城堡的遺跡如今仍在），並迅速在阿西西城的四周築起防禦圍牆。照理說，貴族出身的聖方濟應該站在效忠君王的貴族這邊，但不滿父母行徑的他選擇支持起義群眾。許多貴族就近逃往阿西西附近的佩魯賈重整旗鼓，於一二〇三年發動慘烈的可列斯特拉達戰役，並在勝利後重返阿西西。在這場戰役中，聖方濟同樣是站在起義群眾一方，戰敗後一如其他上百位年輕的阿西西男子遭到逮捕囚禁。從此以後，他對自己所屬的貴族階級徹底失望，後來更創立了注重清修、苦行的聖方濟教會。

曾為聖方濟立傳的基爾伯特・卻斯特頓（Gilbert K. Chesterton）認為，我們可以把聖方濟想像成一個「值得敬愛的瘋子」，這個瘋子企圖把當時的騎士禮儀發揮到極致，最後甚至像個白痴：聖方濟不但會向鳥兒傳教，還會在坐上椅子前先向椅子致歉。聖方濟認為萬事萬物都是上帝的化身，所以虔誠的教徒應該對萬事萬物心存敬畏。

如果聖方濟活在今天，他的父母可能早就把他送進精神病院，交給專業醫師治療了。因為聖方濟的極端行為，含蓄一點說，根本就是匪夷所思。不過聖方濟的極端確實有其迷人之處，尤其是他的基本思想：尊重造物者所創造的一切，並視之為神聖。這種思想對我們這個時代、這個世界的人而言似乎更顯重要，因為人類如今與大自然和宇宙漸行漸遠，一心只想透過怪力亂神重新尋回自己的定位，並且傲慢自大地認為，工業化畜養動物取得廉價肉品乃天經地義的基本人權。不過在另一方面，雖然在聖方濟教會創立八百多年後，再來引爆它的正名和路線問題似乎有點不太恰當：如果跟聖本篤比較

（聖本篤堅信苦行和奢侈一樣都會阻礙修行）就可以發現，聖方濟極端嚴厲和徹底苦行的主張，根本不符合天主教教義。「適度」的觀念並沒有被聖方濟視為重要美德。

窮人才懂得享受

或許只有兩袖清風的窮人，才能真正過得像個億萬富翁。因為唯有窮人才能擁有敏銳的感受力，才能真摯地感受到「奢華」——這些對有錢人來說都是多餘的，甚至會覺得充滿壓力和負擔。唯有從來吃不起高級餐廳，從沒見識過好菜的人，受邀到高級餐廳時，才能真正感受到佳餚美釀的頂級風味。相反的，有錢人已經沒有能力享受了，他現在唯一會的就是不斷發出神經質的批評，例如他會不屑地說：「另兩家知名餐廳的香烤嫩雞比這裡的好吃多了。」

所以，真正匱乏的人應該是有錢人。錢就像是一種毒品，會讓人跟現實生活漸漸脫節，並且還可以讓人變得虛有其表只會炫耀。這些人可以拿來炫耀的東西實在太多了，無論是出國旅遊或穿高級的訂做禮服都行。此外，錢太多的大富翁還可以隨時跳上自己的私人專機飛往聖托培或紐約，選一間貴死人的五星級飯店暫時逃避一下生活常軌。只可惜，這種人不管到哪裡還是一樣不快樂。**若想獲得快樂，其實必須懂得「適度謙卑」**，但對有錢人而言，謙卑卻是最困難的。大部分的有錢人都缺乏承認錯誤的勇氣和能力，而且在和人交往時（不管對方有沒有身分地位）也無法單純地尊重一個人，這些就是讓有錢人屈居劣勢的原因。

或許天底下只有一種人比有錢人更可憐，那就是一心想變成有錢人的窮人。唯一讓我讚嘆不已的樂透玩家，是位住在北萊茵威斯特法倫邦的可愛男士，他一輩子都在玩樂透，卻從未妄想自己會中大獎。有一天他竟然中獎了：九百一十萬歐元！他無法置信地為自己留下一萬歐元，其餘全部捐了出去。理由很簡單：他不想毀了自己的生活。讓我們為他致上最高敬意——立正敬禮！

14

擺脫庸俗的終極生活

如果你想過富足的生活，錢將會毀了你。

——財經雜誌《富比士》的第二代傳人邁爾康·富比士（Malcolm Forbes）

查爾斯王子真愛自找麻煩！不過，這回他挑起的爭議，真是深具啟發性：一位應徵上聖詹姆士宮秘書的女士詢問負責的總管，當皇室秘書有何發展和升遷。這個問題最後呈遞到了皇位繼承人的桌上。查爾斯王子在文件上寫下相當不以為然的激烈眉批，後來這份內部文件竟落到媒體手中，並且引發長達數星期的爭論——人到底該謹守分際，對自己的身分地位有自知之明，還是應該爭取機會力爭上游？查爾斯王子的眉批如下：

「這些人到底怎麼了？為何大家都自認可以勝任超過自身能力之事？如今似乎每個人都認

為，自己有能力成為流行樂界的天王、天后、影視紅星，或類似的大人物。都要怪我們太過溺愛孩子的教育方式和教育體制。」

這份內部文件曝光後，想當然爾立刻引起英國社會一片譁然，甚至引起教育部長的反彈。他公開表示：查爾斯王子已經跟不上時代了，所以才無法了解現代社會。「並非每個人都能生在帝王家，」他在廣播電台的訪問中說道：「但是，每個人都有權利為自己爭取最好的機會，並為自己的家人打拚。」詹姆士宮方面努力想化解爭議。皇室發言人則一再對外保證：查爾斯王子當然贊成每個人都有追逐夢想的權利，他那番話不過是在強調個體的獨立性，學校應該讓每個學生都有機會根據個別天賦來發展，讓孩子接受不同的啟發和鼓勵。不過，孩子們早就在這場爭辯中被口水淹沒了。當首相布萊爾在記者會中被問及對這件事的觀感時，他只輕描淡寫地說了一句：「我不予置評。」

查爾斯王子的眉批顯然沒獲得多少支持者，至少他點出一項沒幾個人敢大聲直指的社會弊端：我們生活在一個「慾望無窮」的時代。社會主義製造出不切實際的幻想，讓人們以為每個人都是一樣的、平等的，再也沒有人能享有天生的特權。再加上資本主義不斷鼓吹「有為者亦若是」的神話：只要你努力，洗碗工也能成為百萬富翁。只要一打開電視，我們都無可避免地被灌輸夢想：你也可以成為百萬富翁或「超級巨星」。每個人都得到允諾：只要努力就能獲得幸福、成功，至少錢一定能幫你達成願望。

那些傳奇故事總是告訴我們：只要擁有一定的財力，縱使「下等人」也能立刻晉升「上流」。於是，人再也沒有「上下」之分，「高低」之別了。神話自然有其好處，只不過還隱藏著極大的弊病：誰要是沒辦法得到富裕生活，就會被批為失敗者或窩囊廢。

第一個看出其中問題的是法國學者托克維爾（Alexis de Tocqueville），他在十九世紀三〇年代走訪美國這個「擁有無窮可能性的國度」，並於一八三五至四〇年間寫成了《論美國的民主》。在書中，他對這個新崛起、強調民主與平等的社會體制有許多精闢的分析，並指出當中存在的問題。其中有個問題特別切中現代人的困境：「如果我們揚棄所有天生的特權與財富，讓每個人都享有相同的能力與機會……這就像是，為人類的雄心壯志打開一條暢通無阻的方便之道。於是大家都開始幻想，自己有能力成為不可一世的大人物。不過這種想法是錯的，我們每天實際的生活經驗告訴我們，這想法根本是個謬誤……。若差異是社會的普遍法則，那麼，再大的差異都很難被發現；但是，如果讓一切都齊頭如一，這時再細微的差異都會顯得刺眼……。這就是為什麼民主社會的人民會在生活不虞匱乏、物質過度氾濫的情況下，依舊為無以名之的奇怪憂鬱所苦……。我在美國從沒有看過任何一個窮人——再窮都一樣——不是一心妄想過富翁一般的生活，就是豔羨富豪所擁有的享受。」

托克維爾並非激進的復辟份子，而是一名偉大的自由主義人士，最不樂見世界又回到過去那個階級分明、差異性固若磐石的封建時代。話雖如此，他卻清楚地知道，在一個人人生而平等的時代裡，人類將面臨什麼樣的新困境：我們將不斷地被誤導，終至堅信自己一定能在成功者的領導下，跟著他一起登峰造極、邁向成功。「這種相信自己將擁有無限可能的信念，雖然在一開始會讓人覺得非常滿足，尤其是年輕人。雖然他們之中的佼佼者及幸運兒確實能夠順利達成目標，但在整個追求的過程中，絕大多數的人卻必須飽嘗挫折、不安與困惑，這種痛苦甚至讓他們的靈魂徹底窒息。」

擺脫垃圾媒體

自從舊有的社會階級被徹底打破之後，不滿於現狀，不滿於自己目前身分地位的觀念便開始普及。越是把財富當作唯一值得追求的目標，一旦無法成為富翁，我們就越容易陷入萬念俱灰的困境。

其實，只要我們彈性一點，用合乎個人的方式來定義財富，達到「富有」就不難。比方說，如果我堅持車一定要開法拉利，住一定要住在義大利薩丁島的思梅拉達海岸，這樣才叫做「富有」的話，那麼，我確實「很有機會」一輩子都覺得自己是個窮苦潦倒的失意者。如果我認定的富有，是寧願捨「巨額存款」而取「擁有更多的時間」，如此一來，我不但可以把時間投資在自己身上，甚至還可以參加某些公益團體當義工，為別人貢獻一己之力——用這種方式，同樣可以獲得人間最大的「財富」。換句話說：只要可以實踐「自我價值」，藉此發揮個人影響力，那麼我就可以是世界上最富有的人了。

反過來說，如果我的快樂是建築在我根本達不到或很難達到的事情上，那麼我真的很有可能一輩子都覺得自己窮兮兮、苦哈哈。以我為例，我的前半生幾乎都是在有錢人的陰影下度過，我過去一直堅信，若要獲得快樂，就得先把「別人的」錢賺過來，結果，我「果真」一直過得很不快樂。直到我覺悟到：別人的生活並不是我的生活，我有自己的生活，我的生活就是這樣，而這樣就是最好的！從那一刻起，我覺得自己好像解脫了。

其實，「你是否富有」的關鍵就在於「你有些什麼樣的需求」，只有當你認清我們絕大部分的需求，其實都是被別人塑造出來的，而這些需求經常是妨礙我們追求自己真正需求的主因，你才會突然省悟：原來富有真的是垂手可得！這跟喜歡玩宣傳花招的商業經濟要我們相信的那套確實不一樣。

第一批發現美洲新大陸的歐洲人，曾試圖和當地原住民進行交易，但他們發現非常困難。因為歐洲人拿不出任何印第安人感興趣的東西，但歐洲人一心垂涎印第安人手裡的野熊皮。為了得到這些珍貴的皮草，他們必須先養出印第安人的慾望，比方說，教育他們想擁有五彩繽紛的玻璃珠或喝酒。十七世紀末的英國殖民者約翰．巴尼斯特（John Banister）曾經說過：他們已「徹底成功地」改造了印第安人，「現在他們一心一意渴望獲得他們從前根本不需要的東西。這些東西他們以前根本沒有過，自從跟我們交易之後，現在這些東西對他們而言已是不可或缺了。」

我們之所以會對根本不需要的東西具有強烈的慾望，其實都是因為我們被灌輸了某種觀念，若想修正這些錯誤的觀念和慾望，就必須先認清，這整個「創造需求」的過程與手段有多卑鄙無恥。歐洲人不斷向印第安人鼓吹玻璃珠有多珍貴，在他們不斷宣傳與洗腦下，印第安人終於相信這是真的。他們還把這套把戲用在武器和酒上面，一步步把印第安人的胃口養大。後來印第安人有何下場就眾所皆知了。

如今的大眾需求主要是透過媒體來塑造。英國報業鉅子哈姆斯渥斯（Alfred Harmsworth）於一八九六年創辦了《每日郵報》，當時他曾大言不慚地說，這份報紙所設定的理想讀者乃「年薪約一百英鎊，甘願受誘惑，妄想有一天可以晉升為千鎊年薪的人」。艾倫．狄波頓（Alain de Botton）曾在其著作《我愛身分地位》裡，對「製造需求」有過精闢的分析：大約在《柯夢波丹》、《時尚》等雜誌創刊之際，雜誌存在的意義與目的已趨向讓中產階級有機會一窺上流社會的生活，並有心嚮往之。美國的《時尚》雜誌創刊於一八九二年，創刊號的內容包括：哪些名人受邀上美國皮毛大亨阿斯特的遊艇狂歡，貴族女校的學生現在最流行的穿著，哪些紐波特或南安普敦的名人舉辦了大型舞會或時尚派對，上流人士都是怎樣吃魚子醬的（配馬鈴薯和酸奶酪）。狄波頓指出：「一窺上流社會的生活，能讓讀者產生一種錯覺，以為自己也屬於那個階級——這種效果在收音機、電影、電視陸續問世之後，威力更是無遠弗屆。」

藉由「你也辦得到」的勵志文學興起和包裝，媒體巧妙地塑造了大眾的需求。若要追溯始作俑者，那應該要怪富蘭克林。他曾在他的自傳裡提到，自己如何從一個貧苦的蠟燭童工，一路奮鬥到成為地位顯赫的美國政治家。其自傳的中心思想（其實根本是在自欺欺人）是：只要你願意嚴以律己、勤奮打拚，每個人都可以功成名就。這種類型的書至今都還是架上的暢銷書，其中鼓吹的內容千篇一律，比方說「喚醒你心中的巨人」、「多想一想就能致富」、「成功在望」、「成功魔法」、「沒什麼是不可能的」等等，全是一些保證你一定會成功的辦法。其實，真正成功的只有這些暢銷書作者，他們的確賺進了無數白花花的銀子。

窮至死地而後生

所幸目前還有另一股趨勢正在形成，並且跟上述論調恰好相反。過去幾年最暢銷的一本非文學類書籍是約翰・德瑪提尼（John F. Demartini）的作品，他代表的正是反對鼓吹成功的勢力。其書名叫做《珍惜你獲得的恩賜》（*Count Your Blessings*）。其實最適合這本書的標題應該是《魯賓遜法則》，因為德瑪提尼在書中並不是要我們追求什麼遙不可及的夢想，而是要我們學會「看重」已經擁有的東西——將這項「幸福訣竅」發揮得最淋漓盡致的人，無疑是丹尼爾・狄福（Daniel Defoe）筆下的魯賓遜。

當魯賓遜漂流到無人荒島時，一項訣竅救了他一命：他從海灘上撿起船沉後漂到海邊的紙跟筆，並且藉以列出了兩張表。一張列著他現在所面對的窘境，一張列著他所擁有的優勢。窘境是：我被困在一個無人島上，獲救無望。好處是：我還活著，沒有像其他同伴一樣被淹死。窘境是：我完全找不到任何衣服可穿。好處是：我生活在非常炎熱的海邊，縱使我找得到衣服，也完全穿不著。其餘的以此類推。最後他還決定，要把那些負面的、無法改變的事實通通忘掉，一心一意只想著那些正面的事。他還下了一個驚人的決心：「從現在起我要一直告訴自己，我一定有辦法讓自己在目前無依無靠的情況下依然活得快樂，甚至比世界上任何一個人都快樂。」

我們當然可以說魯賓遜的行為是一種自我欺騙，因為那些被他列出來的「窘境」並沒有消失。但是，透過自我欺騙，他成功地讓自己不喪失勇氣。一旦喪失了勇氣，他就不可能在無人島上努力求生存，最後也不可能獲救了。

「魯賓遜法則」之所以吸引人，是因為它提倡的「正面思考」並非陳腔濫調，而是一種願意接受生命「崎嶇不平」的能力：不自怨自艾，不自認為倒楣鬼，願意主動掌握生命的主導權。至於那些一天到晚鼓吹「每個人都辦得到」，但事實上只是在製造錯誤觀念、讓人無法獲得真正幸福的勵志書，只在為讀者編織不切實際的夢想和快樂，到頭來只會害得讀者自食惡果。生活本來就不完美。唯一能夠幫你獲得快樂的辦法，就是認清事實並且接受它，而非盲目地追逐不切實際的願望。接受人生的崎嶇不平，接受你我存在的不完美，反而有機會過得比別人快樂，至少一定比一心追求永遠健康、完美的兩性關係，以及頂級物質享受的人更幸福。

其實，**幸福比我們想像的還不受外在條件左右**。有許多非常富有、健康、備受家人呵護的人過得很不快樂，甚至悲哀極了。相反的，不少身無分文、惡疾纏身，或形單影隻的人卻過得非常快樂。結論就是：嚮往永恆快樂，一心追逐烏托邦的人，註定要不快樂；窮畢生之力追求有形財富的人，也保證一輩子都覺得自己很窮。

這時候我老婆的心理治療師肯定會說：「是啊，沒錯！本來就應該放手讓它去。」聽起來還真深奧——不過這裡面確實暗藏玄機，甚至是幫助我們獲得成功的關鍵！卡秀吉老愛提起當年勇：他之所以能致富，不是因為他把錢看得很緊，而是因為他願意放手讓錢去。卡秀吉到美國紐約留學，他父親雖然貴為沙烏地阿拉伯國王的御醫，卻沒有給予分毫資助。後來卡秀吉用他身上僅有的錢，買了一套昂貴的高級西裝，坐進紐約最昂貴飯店的大廳，也就是華爾道夫飯店，還慷慨地將口袋裡最後的五十美元給了侍者當小費。他的舉措引起一個生意人的注意，那個人走向年輕、儀表堂堂的卡秀吉，提供他一個工作機會，因為他正需要一個大方氣派、具國際水準的商務代表。這就是卡秀吉締造個人豐功偉業的起點。

心理學家稱這種行為方式為「逆向操作」：真正能解決問題的方法經常讓人意想不到。若表面上看起來解決問題的方法只有兩個，那麼根據「逆向操作」的原理，一定還有一個不合乎常理，甚至看起來有點愚蠢的第三種解答。知名的心理學家保羅．瓦茲拉維克（Paul Watzlawick）曾舉過一個實際的例子，說明「放手」會更好的道理：

十四世紀時，提洛的女伯爵打算大舉出兵併吞克恩騰，霍赫歐斯特維茲堡1卻在中途阻擋了她的去路。女伯爵採取了慣有的作戰策略：大軍就地駐紮圍城。隨著駐紮的時間越拖越久，冬天漸漸逼近了，不只女伯爵失去了耐性，士兵們也紛紛不耐煩。在城堡裡死守的軍民同樣士氣低迷，城內士兵還向指揮官報告，城裡只剩下一頭牛和兩袋麥子。這無疑是宣告，該是開城投降的時候了。不料指揮官竟然下令宰了那頭牛，並且把麥子全塞進牛肚裡，然後再把它們拋出城外。士兵們雖然覺得指揮官的命令不合理，反正已經無所指望了，也就照著去做。牛被丟出城後，敵軍見狀開始信心動搖。因為，敢這麼大手筆地把食物送給敵軍守將，想必有萬全準備，城裡的儲糧一定還能支撐好幾個月，而提洛大軍卻撐不下這麼久了。於是女伯爵下令放棄圍城，大隊人馬搬師回朝，城堡因此得救。

效法魯賓遜

無論魯賓遜、卡秀吉或是城堡的指揮官，他們在遇到絕境時絕不怨天尤人，從不放棄對情勢的主導權。我們可以效法魯賓遜，拿他的方法來面對自己的經濟窘境。他的例子讓我們認清：人在不得已的情況下，能夠很輕易地放棄許多我們原先以為不可或缺的需求。在我們變窮、變得克勤克儉後，那些我們不管買不買得起都渴望擁有的東西，反而顯得既珍貴又奢侈。現在我們每戶人家所擁有的電器產品，雖然比保加利亞一整個中型村落的還多，但是情況很快就會改觀。有些我們一直視為理所當然的事，未來的我們

1　提洛（Tirol）位於歐洲中部，包括現今奧地利和義大利北部的阿爾卑斯山地區；克恩騰（Kärnten）是現今奧地利最南部的省分；霍赫歐斯特維茲堡（Festung Hochosterwitz）位於一座險峻峭壁之上，是克恩騰省的著名地標。

將深刻體認到，原來它們有多麼奢侈；例如那些無用的裝飾品、全套的衛浴設備、洗碗機、旅遊。正因為這些東西變得彌足珍貴、高不可攀，我們反而有機會再次贏回感受力，懂得如何去珍惜、享受。

本書所針對的讀者群，不是那些因為面對新經濟局勢而陷入生存恐慌的人，而是想開始「節省開銷」的人——細心的讀者想必早就發現了。雖然我們現在擁有的財富明顯不敵往日，我們反而有機會過得非常有尊嚴，甚至可說是非常奢華的生活。被迫割捨（正如我前面解釋過的，希望我已經解釋得夠清楚了），反而有機會提升我們的生活品質。

到底什麼是「奢華」，什麼是「貧窮」，這些問題即便解釋得再清楚，還是無損我們的生活品質，亦無助提升我們的生活品質。宋巴特在《愛、奢侈與資本主義》一書中曾說道：「所謂奢侈，就是一種超出必要的浪費。它顯然是個相對的概念，因為唯有在我們知道什麼是『必要』之後，才有辦法給它一個能明確掌握的具體內容。」但是，誰又能決定什麼是必要的呢？

偉大的經濟學家亞當斯密（Adam Smith）曾對「必要」下過一個定義，此乃我們唯一找得到的適用定義。他在一七七六年出版的《國富論》裡曾經說過：「關於生活中的必需品，我認為除了為維持生存不可或缺的東西之外，還有那些——不管達官貴人還是升斗小民——根據當地生活水準和習慣來說根本不需要的東西。比方說亞麻襯衫，認真說來，我們的生活並不需要這樣東西，古希臘人和羅馬人甚至不知道亞麻的存在，但我相信他們還是過得很舒適愜意。但如今在歐洲，任何一個有點身分地位的薪水階級，只要出現在公共場合時身上若沒有穿件亞麻襯衫，就會覺得自己沒臉見人。」

在一七七六年，亞麻襯衫是生活必需品，到了一九六六年變成了收音機，到了一九八六年則變成了電視機，到二〇〇六年時該是什麼呢？其實，亞當斯密的「亞麻襯衫」是一種表徵，雖然跟我們的生存未必有直接關係，但為了不讓自己被排除在社交圈外，或者為了不要產生被排除在外的感覺，所以不得不擁有的「財產」。印度經濟學家和諾貝爾獎得主阿瑪帝亞．森（Amartya K. Sen）根據亞當斯密的亞麻襯衫理論，更進一步引申：貧窮或富有其實跟財富或收入沒有直接關係，「潛能」才是關鍵，也就是一個人發展的可能性。發展的可能性無法建立在吃飽喝足、有地方睡、有地方可遮風蔽雨的安全感上，而是建立在能被團體接納，並成為其中一份子上（森認為這一點特別重要）。一個人如果被社群排除在外，就無法開展他的社會潛能，這種人就會覺得自己很貧窮。

照這麼看來，一九六一年通過的德國聯邦社會救濟法還真是先進，因為它在阿瑪帝亞．森提出「貧窮定義」之前二十年，就已經明文規定，必須「全面性」救助人民，且不能單從物質來著手。根據這項法律，申請社會救濟的人絕非什麼「接受施捨的人」，而是有權爭取個人社會發展潛能的人。如果一個人根據自己的能力無法落實自己的社會發展，那麼國家就有義務協助他。聯邦社會救濟法開章明義第一條就說：「社會救濟的任務，就是要讓受救濟者能夠過符合人性尊嚴的生活。」這就表示，除了生存所需之物，國家還必須提供人民非生存所需之物，那些他原本負擔不起，卻能避免他被排除在社會之外的東西。

關鍵就在於一項跟「生存所需」完全無關的事實：擁有某些東西確實能對外彰顯個人的身分地位。如果有人說：「我們可以完全不在乎外界，徹底從身分地位的觀念中解放出來！」那我就不得不說：他根本是痴人說夢話！每個人都需要被認同、被肯定。幸好，能為我們贏得身分地位或認同的東西因時代而異。要在斯巴達時代獲得眾人尊敬，就必須是一名驍勇善戰、訓練有素的戰士，其他東西或特質全是次要的。在十九世紀末，市民階級在推翻封建貴族後，為了彰顯自己的新身分，開始紛紛仿效過去貴族的生活型態，住豪宅、去遠方旅行。落魄貴族則紛紛賣掉自己的宮殿，這些宮殿後來大多成了豪華飯店。

一百年後的今天，表彰身分地位的東西又有了新變化，而這種變化在搭飛機的旅客身上最為明顯。一般飛機分為三等級：頭等艙、商務艙和經濟艙。坐在最前面頭等艙裡的，通常是妝化得太濃，嘴唇塗得火紅，全身上下都是名牌的女人。至於坐在她們後面商務艙的，一定是全身Boss西裝，累積的飛行里程數高得嚇人，喜歡把空中小姐當自家女傭使喚的體面男士——他們覺得自己有權這麼做，因為他們買的可是商務艙的票！那些勉強還算得上有教養——用老派一點的形容法，算得上「優雅」的人，只有在經濟艙裡才找得到，這些人至少不像前面那些人那樣俗不可耐。

化危機為轉機

義大利時裝設計大師斯基亞帕雷利（Elsa Schiaparelli）女士曾說：「真正的奢華不在於金錢多寡或排場大小，而在於你是不是有能力擺脫庸俗。」如今，所有跟錢有關的東西都變得俗不可耐了。還沒有察覺到這點，或是還搞不清楚狀況的人，通常都是剛剛竄起的有錢人。如果說，德國的黃金守門員卡恩（Oliver Rolf Kahn）手上拿著LV男士包，身上穿著名服裝設計師的衣服，度假只住五星級飯店，還有人說這種人品味超群、值得效法，那麼他肯定是在開玩笑。

假如你真的不知道什麼叫俗不可耐，不妨再瞧瞧英國足球明星韋恩．魯尼（Wayne Mark Rooney）和他的未婚妻柯琳，保證你恍然大悟：魯尼送給柯琳的訂婚鑽戒足足價值四萬歐元，而她手上戴的勞力士手錶至少要三萬歐元，身上穿的是義大利名服裝設計師米索尼的精品服飾。雖然他們住在陽光不多的英國曼徹斯特，但柯琳卻偏好南方人的古銅色肌膚，於是她選了市面上最貴的古銅色肌膚噴霧劑，一罐要價一百二十歐元。魯尼和柯琳進城採購時，開的若不是四輪傳動的凱迪拉克Escalade，就是克萊斯勒300C V8。擺脫庸俗，亦即展現真正奢華的能力，如今只有在繳稅繳得不多的中低收入戶身上，或者在久富且已培養出一定品味，知道要「羞於有錢」的人身上才看得見。

真正能帶給我們享受的東西，通常不是用錢能買得到的。真正奢侈的東西連保險公司也賠不起，比方說：某個人的親筆信、某個值得紀念的藏書戳印，或者在任何花店都買不到花束，只有鄰家老太太偶爾允許你去她家花園摘取才能得到的美麗鮮花，或是朋友親自為你調配，在任何化妝品店都買不到的香水，或是工匠挖空心思創作出來的小東西，甚至是當天空飄下細雪，你正好獨自在公園裡散步的那份心情，或是在炎炎夏日到海邊游泳的那份雀躍，或是一瓶父親在他五十歲生日時埋在地底的陳年老酒。真正的奢侈品，應該要像我的好友拉斯婁在一九六〇年所寫的《響應奢侈品》一書中所說的：「擁有那些我們真心想要的東西，但請先放棄我們『應該要有』的一切。」擁有成套的系列產品、住豪華飯店、開名貴轎車，所有用錢買得到、能交易的東西，就定義而言，其實已經沒資格被稱為奢侈品了。

那些可憐的有錢人一直沒搞懂，生活被物質塞爆不僅會令人感到疲憊乏味，還會無可避免地變得俗不可耐，且毫無時尚感可言。為此我們不得不說：有錢人真是既可悲又值得同情。變窮的人卻恰好相反，他們乃真正的時尚尖兵、流行先驅。其實我們每個人都將變窮，真的，每個人！而且情勢已經指日可待。過不了多久，我們都會明顯比現在更窮。所以，越早學會窮得有品味的生活藝術，未來的煩惱便會越少，越能夠無入而不自得。只有知道去追求「非金錢能購買之物」的人，未來才可能擁有富足。即便銀行裡的存款大幅下滑，我們依舊可以慶幸：生命中最美好的事物並不會因此損害或消失。

能讓我們生命充滿意義與價值的東西，絕不會因為變窮而減損。比方說，一個人的內在獨立性從來就跟他的收入多寡沒有關係，或者一個人是否博學多聞，是否懂禮貌，這些都跟他有沒有錢無關。

我有一個叔叔，他的父母在大戰後失去了所有財產，但他單憑自己的努力，還是在旅館界打出一片天下。他從基層做起，一步步往上爬，一開始當侍者，後來當到旅館經理。他一生堅持的信念，是種常讓我目瞪口呆的「周全禮貌」。例如，有次他在家裡舉辦晚宴，當天的主菜是蘆筍。其中有一位客人來自澳洲，不了解歐洲的風俗民情。主菜旁邊放了一碗清水，清水裡有一片檸檬。其實這碗水是要給客人吃完蘆筍後清洗手指用的，不知情的澳洲客人竟把這碗水喝了。其他客人見狀紛紛搖頭，只有我叔叔反應敏捷，他同樣拿起自己的那碗水一口氣喝光。他的目的當然是要化解那位澳洲客人的尷尬，不想讓他覺得自己在大家面前出了糗。

懂禮貌、受人愛戴、友善、熱心助人，這些美德完全跟我們的物質條件無關，卻還能愉悅我們的生活，使我們的快樂源源不絕。更值得高興的是：這一點對所有德行都適用。

德行與道德不同，甚至恰好相反；道德有一定的限制，它總是在規範大家「不可以這樣」、「不可以那樣」，為了達到這些道德要求，我們必須小心翼翼地這個不碰、那個不做。但是德行就不一樣了，德行難能可貴之處就在於：我們可以無止境地追求德行，因為我們絕不可能愛得太多或信任得太堅定，或希望得太真心。況且我們也沒有聽說過，有人會苛責一個人智慧太高、太勇敢，或者是太正直、太有規矩。在經濟走下坡，物質逐漸匱乏的時代，我們終於又有機會盡情追求德行，沒有人會再指責我們迂腐，我們可以愛怎麼「揮霍」我們的美德，就怎麼揮霍它。

許多德行在物質充斥的時代裡顯得不合時宜，但在經濟不景氣的拮据年代裡，反而有機會再度發揚光大。地球資源枯竭、商業榮景不再、生活水準持續下降，這一切未必會導致鉤心鬥角的資源爭奪戰，反而可能造就出令大家都意想不到的結果：我們終於有機會再度成為互助合作的社會群體。過去大家都把自己對他人之義務與責任交給冰冷、抽象的機構，那個時代已經結束了。無論經濟危機為我們帶來多大的不悅，它至少還有令人欣慰的一面。

當大家又開始互相幫忙、彼此依賴時，我們反而有機會重拾一度被眾人遺忘的人性與能力。其實，真正的危機都是在啟發我們；我們遇到的一切危機，最後都向我們證明了：它是我們人生中所能遇到的最佳契機與轉機。

名詞解釋

阿迪（Aldi）：對那些最懂得流行趨勢的律師太太們而言，阿迪才是最棒的購物天堂。在這裡，她們可以混在人群裡採購，並且讓世人有機會見識到：其實她們跟我們完全一樣，沒什麼理由好高高在上的。

到牧場去度假：這種度假方式最適合壓力過大的工作狂，而且還是最新潮的度假趨勢：不求徹底休息，只求能在牧場上待上一、兩個禮拜，拚命幹些能把身體徹底累垮的粗活兒。嚮往在田裡幹粗活兒或在牧場當臨時工的人，不妨上網應徵：www.zalp.ch、www.sab.ch。

徵收金融交易稅以援助公民協會（ATTAC）：這個組織裡有不少成員是有理想、有抱負之有錢人家子女。他們共同的目標，是反對一般人根本無法了解真相的「全球化現象」。他們企圖改變社會大眾的消費習慣，並且對抗勢力足以操控全球經濟的跨國集團。不少樂團都是這個組織的支持者，例如 Notwist、Slut、Underworld。

坐火車：對現代人而言，好像只有坐火車時，才有機會安安靜靜地看幾小時的書。

管家：管家的特色就是：控制主人的一切。所以，沒有管家才是真正的奢侈。據說英國最後一任的馬柏羅公爵非常依賴他的管家，有一次他出門在外沒帶管家，這時他才驚覺：原來牙刷上不會自己長出牙膏。所以，最好的辦法是：訓練自己成為自己的管家。早上起來為自己準備早餐，平常去幫自己買東西。這樣不但能省錢，還能省掉發一大堆脾氣。

卡地亞：曾經是巴黎最具權威的珠寶店，如今只生產大量製造、沒什麼品味卻貴得嚇死人的首飾，專門賣給俄國獨裁者或 VfL Bochum 足球隊的那些足球明星太太們。

香檳：來自法國的氣泡酒，原料是品質很差的葡萄。因為品質差，所以喝的時候一定要先把它冰到不能再冰為止。由此可知，香檳的迷人之處絕不在於它的口感（除非你喝的是一九七八年產的頂級香檳），而在於喝香檳的儀式：要很慢很慢地拉開軟木塞，然後發出「砰」一聲巨響，接著眾人一陣歡呼。殊不知，新時代最具代表性、最流行且奢侈的飲料是——礦泉水。

服務精神沙漠（Dienstleistungswüste）：大家常說德國是個嚴重缺乏服務精神的國

家，也就是「服務精神沙漠」。我們真該為此深感驕傲，因為我們生活在一個服務人員絕不會「為了金錢而出賣服務」的國家。只有在那些國民平均所得較低的國家，你才有辦法「用小費」讓服務人員對你卑躬屈膝。所以，服務人員會不會因為你的小費而對你和顏悅色，就成了判斷一個國家夠不夠文明，夠不夠進步的最佳佐證。

DVD光碟：感謝「隨選視訊系統」，相信DVD很快也會像唱片、VHS一樣被日新月異的新科技淘汰。所以，我敢跟你保證，DVD蒐集得越多，將來虧得越大。但話說回來，現階段還真是多虧了DVD，否則叫我們怎麼擺脫越來越沒水準的電視節目？唉，買也不是，不買也不是，真叫人為難！

義工：你想讓自己過得很悲哀嗎？告訴你一個萬無一失的好辦法：只要全心全意追求個人的最大福祉與利益，保證你會變得很悲哀！但如果你願意讓自己的人生過得比較有意義一點，告訴你一個既有品味又絕對有效的祖傳秘方，那就是偶爾也去幫幫別人，關懷一下別人，不要老是只想到自己。有些機構很不錯喔，比方說馬特舍救助中心，他們很需要熱心的朋友伸出援手，去關懷那些需要被幫助的人，例如獨居老人或病患。除此之外，好人好事基金會也在徵求義工喔。

斷食：保證能大大有效提高你的生活品質：每年一次，為期至少一星期（頂多三個星期），斷食期間只能喝一點蔬果汁和花草茶。這不但能讓你省錢、提高你的新陳代謝，運氣好的話，還可以讓你的心靈變得通透、清晰，甚至更有智慧（從前許多智者在做重大決定前都會先斷食）。由於斷食期間你必須放棄所有對身體有害的飲食（例如咖啡、紅茶、尼古丁、酒精等），所以你還會發現自己的經濟負擔大大減輕了呢！

健身俱樂部：最好的健身俱樂部就是你家門口的公園。它不需要會費，也不需要委屈你跟滿身油煙味的加油站老闆，一起擠在空氣渾濁的狹窄更衣室裡換韻律服。公園裡多的是新鮮空氣，而且免費。大部分健身俱樂部的會員都很少真的去行使他們的健身權利。單是德國，每年浪費在這上面的錢就有三億歐元，相當於蒙古共和國一整年的國民生產毛額。

跳蚤市場：新貴階級有為他們量身打造的豪華購物中心，比方說柏林的「二〇六區」或紐約的「柏朵古德曼」。同樣地，對充滿品味的現代窮人來講，我們也有自己的購物天堂，比方說馬德里的拉斯托跳蚤市場（El Rastro）。這個跳蚤市場每星期開市一次，時間是星期天上午，不過地點有點偏僻，所以我先告訴你怎麼走：如果你是從著名的觀光景點太陽門出發的話，就得先橫越卡德拉斯街，朝著卡斯可羅廣場的方向走，不過在這之前你要先穿越貝那文特廣場，之後再沿著羅曼諾斯街和阿爾巴街走，才會到卡斯可羅廣場。到了卡斯可羅廣場之後，請繼續朝南邊走，然後就能找到拉斯托廣場了。這樣都清楚了嗎？

衣櫃：到底該怎樣才能不必一天到晚為了穿什麼而煩惱，也不必像努力想表現出「自己根本不在乎穿什麼」的人一樣邋遢？前蘋果電腦董事長賈伯斯（Steve Jobs）想出了一個好辦法：他每次買衣服一定買一大堆款式一樣的，全是黑襯衫、藍色牛仔褲，然後每天都穿一樣。

邊際效用遞減：一種經濟現象，根據這種現象我們可以發現：財富多到一定程度後，無論再給他什麼東西，都很難再提升他的生活品質了。有個實際案例：王彼得是金字塔頂端的事業有成者，他的錢已經多到花不完（不過他根本沒時間去花）。不管是頂級西裝，去紐約度個小假，或其他任何一種奢侈享受，對他來講都不是問題。如今他的窘境卻是：雖然他的願望很容易達成，卻一點樂趣也沒了。不像從前，雖然必須辛苦存錢才能達成願望，但那種達成願望後的喜悅卻是無法形容的。

旅館：其實，除了所謂的豪華飯店之外，各大都市都找得到既溫馨又精緻的出租房屋。這些地方通常又便宜又有格調。比方說，維也納的波爾雀民宿旅館或匈牙利國王旅館，或巴黎的貝德福。當然，不可不提的還有倫敦的戈爾。不過，若是真正的識途老馬，出門在外是不住旅館的，他們要嘛住朋友家，不然就是租那種附家具的公寓。這種出租公寓，其實也租給短期遊客，幾天也行。有關這方面的資訊，不妨參考下列網站：www.apartmentservice.com、www.furnishedquarters.com、www.urbanstay.com。

網路唱片行：無遠弗屆的虛擬唱片行。一種專門為電腦族量身打造，最快、最有效率的花錢方法：無聊就可以上網路場片行逛逛，點一、兩首歌來聽聽。一首歌才〇．九九歐元。就這麼簡單，你不但能以深具娛樂性的方式迅速花光自己的錢，還能把坐落在市中心的唱片行一併毀掉。

茉莉花茶：對注重養生的現代窮人而言，茉莉花茶是最理想的飲料。風味絕佳，價錢又便宜，在每間亞洲商店都買得到。除此之外還富含類黃酮素，比其他各種茶葉更有益健康！

珠寶：名畫家達利曾說：「只有那些對珠寶不屑一顧的女人，才有資格配戴珠寶。」

百貨公司：唯一讓人可以忍受的百貨公司只存在於「紙上」，比方說，法國小說家左拉（Émile François Zola）所描述的「婦女樂園」。如果你讀過他一八八三年出版的那本同名小說，你就會看不起所有實際存在的百貨公司。

魚子醬：法文是Confiture de poisson，直接翻譯就是：魚果醬。搞什麼呀！怎麼拿魚卵做果醬！法王路易十五對著一盤鱘魚卵大發脾氣，把吃進嘴裡的魚卵全吐了出來。

古柯鹼：一種極為昂貴的興奮劑。在歐洲，這種興奮劑的品質二十年來不斷下降；中盤商為了賺取更高的利潤，不斷在古柯鹼裡摻進廉價的安非他命，不但企圖矇騙消費者，而且還越摻越多。如今還在吸古柯鹼的人真是不長進，竟然還在流行上世紀八〇年代早就流行過的老玩意兒！

法國名牌集團LVMH：所謂的法國名牌就是指那些專門生產「大眾化」產品，卻敢「心虛」地跟消費者拍胸脯保證，其產品絕對是獨一無二的法國精品（比方說LV或Moët & Chandon啦）。其實他們的承諾早就破功了，那些來自中國和越南幾可亂真的仿冒品，早就把他們的謊話給拆穿了。

純手工製：你可以在聖神世界百貨屋裡找到各式各樣來自「美好過去」的老東西，但是這些東西如今已經沒有人用，徹底過時了（例如說手動式、利用飛輪轉動的咖啡磨豆機）。可是這些東西的價錢一點也不便宜喔。不過，買這種東西或許可以讓我們覺得，自己正在對這個廢棄物氾濫的世界聊表抗議。

馬貝拉（Marbella）：在過去被歐洲上流社會視為娛樂重鎮的度假勝地裡，馬貝拉可算是庸俗化最嚴重、最徹底的一個地方。現在連阿拉伯有錢人都能到那裡飲酒作樂，想當初在八〇年代時，根本沒人看得起阿拉伯富豪。其實，像聖摩里茲或聖托培這種當初不可一世的度假勝地，如今都已徹底沒落、腐化了。如果你還想在這些地方或類似的地方尋找昔日的優雅與高尚，唯有當地侍者或服務生還能讓你一窺風華。

礦泉水：新一代的生活大師，亦即所謂的「樂活族」，他們享受礦泉水的方式，一如上一代的時髦人物雅痞在享受香檳一樣，都很奢侈浪費。這些異常講究礦泉水品質的風雅人士，特別偏愛的牌子是日本的「六甲之水」。（在柏林的阿德龍飯店裡，一瓶六甲之水足足要價六十二歐元！）香檳的最佳產地是法國的香檳區，礦泉水的頂級產地則是蘇格蘭，那裡有美食家最推崇的礦泉水品牌，如Lovat、Highland Springs、Fionnar和Deeside Natural Mineral Water（英國女王在蘇格蘭的夏季行宮巴爾莫勒宮裡時，就是喝這款礦泉水）。至於，寫出第一本德文礦泉水指南的作者馬丁．史翠克（Martin Strick）則斬釘截鐵地指出，全世界最好的礦泉水乃Staatlich Fachingen：「它乃礦泉水中的賓士。」一公升含有二．九七公克的礦物質，這麼高的礦物質含量，想必對「促進身體健康」有極明顯的作用。

寄生蟲：八〇年代的慕尼黑有一位據說是貴族的男士，總是出現在外國使館舉辦的演講會上，會後的自助餐上更是少不了他，而且他總是第一個到。每個人都知道他，都在暗地裡嘲笑他，但是誰也不想管他，總是隨他去。於是乎，他就這麼成天周旋在義大利、西班牙、法國的高官顯達身邊。這種「成為社會寄生蟲與文化寄生蟲」的傑出技藝必須再度被發揚光大，如果德國現在的年輕人真想徹底揚棄禮節與教養，那麼一定要發揚這門藝術。

賓拉登（**Osama Bin Laden**）：竟然連阿拉伯國家都吹起一股「苦行風」。不久前，阿拉伯人還深信：君子不「重」則不威，所以大家總希望自己看起來豐腴點。據說，當初埃及國王法魯克登基時，還因為太瘦有損君主威嚴，而被大臣們整整藏了一個月，為的就是要先把他養胖。胖起來之後，才敢讓他出去接見臣民，否則肯定得不到人民的愛戴與尊敬。如今的阿拉伯國家卻反其道而行，明知道會引起國際社會的不滿與反彈，還是把徹底實踐苦行的賓拉登視為偶像。其實賓拉登之所以能成為傳奇人物和阿拉伯英雄，說穿了就是因為他這個人對物質生活無慾無求。

當鋪：對窮人而言，除了二手店之外，當鋪也是一個非常重要的地方。只不過，大部分的當鋪都有一個缺點，他們很喜歡「趁人之危」。唯一一家受買家與賣家一致推崇的當鋪，就是維也納的多羅特歐姆（Dorotheum）古董拍賣場，它同時也是歐洲最大的拍賣會。在多羅特歐姆的拍賣品裡，從小白臉拿去典當的勞力士手錶，到環球探險家珍藏的袋鼠標本應有盡有。拿東西來這裡典當的人都會被尊為上賓，收購的價錢也很合理。這裡的拍賣會是每星期一至五從下午兩點開始，星期六則是上午十點就開賣了。

音樂廳：柏林各大音樂廳乃高水準窮人夜晚消磨時間的最佳去處。演奏會的門票通常既公道又合理，識途老馬還可以趁中場休息時偷偷溜進後台，穿過表演者專用的通道，就可以去到那間價格便宜到令人讚嘆的咖啡廳好好享受一番。

冬節：北美印第安人的古老節日與傳統。為了彰顯自己的身分地位，印第安人會在這一天盡可能將自己的家當、財富通通送人。送掉越多東西的人，就表示他的社會地位越高。

個人破產：感謝前總理施若德領導的英明政府，德國現在不僅公司可以宣告破產，連個人也可以宣告破產了。現在只要遵循「消費者破產法庭」所規定之程序來辦理，個人也可以申請破產。從前債台高築的人必須公開宣誓，保證自己毫無隱瞞地公布自己所有的財產，並將負起債務義務。但結果就是他必須一輩子忍受債權人追討，直到死都不能擁有任何財物，只能保留符合社會救濟的微薄金額。但如今，只要你能列出合理的財務重整計畫，七年後就可以免除償債義務，於是你又重獲新生了！

女王：其實大家都不知道，英國女王伊麗莎白二世乃新貧時尚的支持者與愛好者，這真是讓英國的市井小民跌破眼鏡。英國皇室的一名管家對外透露：其實女王超愛吃從超市裡買回來的玉米脆片。她的早餐就是玉米脆片加牛奶，而且她用的容器還不是什麼銀餐具喔，而是塑膠製的保鮮碗。聽完之後，不禁讓人想高呼：女王萬歲、萬歲、萬萬歲！

勞斯萊斯：在二十世紀的八〇年代，加倫伯爵因投機失利導致旗下ＳＭＨ銀行倒閉，受牽連的各家銀行亦損失慘重。德國商業銀行（Commerzbank）是少數幾家得以全身而退的德國銀行之一。商業銀行的資深董事保羅．利希頓貝格（Paul Lichtenberg）指出，他們的成功之道很簡單：「因為我絕不會同意把錢借給開著勞斯萊斯到處招搖的人。」

比利牧師（Reverend Billy）：他真正的名字是比爾・塔倫（Bill Talen），大概是美國知名度最高且最具娛樂效果的反消費運動者。他自認為是世界末日的先知，不但把頭髮染成金黃色，穿著一件白袍在街頭傳教，還試圖警告世人：世界末日快到了！他喜歡拿著一個用厚紙版捲成的擴音器在街頭吶喊：「停止購買！現在就停止！哈雷路亞！」他曾在紐約當過演員，混不下去後改行當餐廳侍者，後來又被老闆炒魷魚，最後決定自組「停止購買教會」（Church of Stop Shopping），目前這個教會已成為在全球擁有無數教友的國際性組織。

償債諮詢（Schuldnerberatung）：我們這個以消費為取向的社會讓許多人陷入負債的困境。負債其實是有辦法解決的。比方說，沒有任何一條法律規定你在財務狀況不佳時，還得按月繳交保險費和分期付款，你可以修改合約內容，例如降低投保金額或降低每月償還分期付款的金額，甚至解約啊！償債諮詢中心的設立真是造福人群啊！你可以去那裡請他們給你建議。（有關償債亦可參考名詞解釋的「個人破產」部分。）

二手店：有品味，但不是金錢白痴的名媛淑女們，基本上只去二手店挑選精品服飾。德國最棒的一家二手店位於慕尼黑的齊格斯街二十號，店名是「二手經紀人」。所有慕尼黑的風雅人士（至少那些有品味的）全都在這裡買衣服，而且還會把淘汰掉的衣服拿來這裡賣，完全不會有任何不必要的不好意思。那些還在馬克西米連街的昂貴精品店購買衣服的人，只會讓自己成為慕尼黑上流社會的笑話。至於蘇黎世，那裡的上流社會人士最喜歡去買衣服和賣衣服的二手店是「茉莉」，地址是瑟費爾特街四十七號。

社會弱勢族群：這個名稱真是糟透了，根本是在污衊窮人。其背後隱含著「這些人沒辦法融入社會、融入人群」，或暗指「這些人的社會生存能力極差」。其實「社會弱勢族群」更適合用來稱呼那些孤獨看守陶努斯山豪宅，或慕尼黑綠森林醜陋別墅的銀行家夫人們。除此之外，「社會孤立」或「重度社交障礙者」也都是非常適合她們的稱號。

衛浴用品：如果不幸得在旅館過夜，千萬別忘了搜括他們的衛浴用品，這是唯一能被旅館接受的偷竊行為。對了，順便一提：最恐怖的旅館竊賊就是荷蘭人和英國佬，他們在旅館界向來以「無所不偷」聞名，除了栓緊了、帶不走的東西以外，他們幾乎什麼都偷。不過，大部分的旅館業者都不介意客人將衛浴用品「順手帶來」，只要能維持硬體設備的完整就行了。只要沒人注意，一早等服務生整理完房間後，你就可以迅速地把洗手台上的肥皂、洗髮精等用品放進背包，反正服務生待會兒又會像航空補給艦一樣迅速補充完畢。

觀光客：……來這裡的怎麼老是不一樣的人？好奇怪！

地下鐵：五〇年代的美國紅星法蘭克．辛納屈曾一語道破，那些傲慢、瞧不起大眾捷運系統的人有多愚蠢：「地鐵裡被你們說成是『人擠人』的不堪現象，在午夜的高級酒吧裡，可是男男女女最嚮往的輕鬆愜意、耳鬢廝磨。」

維生素：西方國家的人民正努力想用維生素來拯救他們嚴重缺乏維生素卻又油脂超高的飲食習慣。吞掉最多維生素的是北美國家的人，而且數量之大遙遙領先第二名。由於我們的肝臟具有能迅速代謝體內多餘維生素，並藉由泌尿系統將其排出體外的特性，所以我們可以很肯定的說：世界上成本最高、最昂貴的尿液來自北美人士。

白開水：咖啡還是茶？其實還有另一種選擇，那就中國人的祖傳秘方：白開水。它的做法很簡單，材料只需要煮沸的熱水，其他什麼也不需要！喝起來的味道，啊——美味無比！印度醫學甚至認為白開水具有療效。另外，它還有個好處：不管是溫溫喝、涼涼喝，都一樣那麼好喝，從來沒有太濃或太淡的問題，根本用不著麻煩的茶包。

社會福利國家：為了解我們這些社會福利國家的人民具有什麼樣的人格特質，杜賓根大學的一位教授做了以下實驗。首先他邀請學生們上館子。「飲料我請，葡萄酒、啤酒、礦泉水通通我付，但是其餘的自付。」結果，所有學生都點了最便宜的餐。幾星期後，他又請學生一起上館子，不過這次教授卻說：「吃飯的錢由大家平均分攤。」結果，所有人都大點特點，菜單上所有的餐幾乎都上桌了。沒有人覺得這樣的反應和行為不合理，因為客氣什麼呢？反正是大家一起分擔，有什麼事也是大家一起承受。但是，只要眾人的心態一直如此，「社會福利國家」的制度就不可能行得通。

合租公寓：跟別人合租公寓——這種租屋方式好像既過時又老掉牙，其實，它可是目前最時髦的居住方式。如果你也這麼做，不僅能為我們的社會解決「一點」社會問題，還能對國家經濟有所貢獻喔！所以，無論是從經濟或社會的角度來看，自己一個人住都不是聰明之舉。

仇外：經濟危機讓「仇外」得到了另一種更醜陋、卻更容易被社會接受的面貌：反鄰國之廉價勞工。如果我們真的有心奉行社會福利政策，想落實崇高的社會福利精神，那麼我們就應該學會分享，並願意拋棄成見，不再認為國界另一邊發生的事與我們無關，或者巴伐利亞人比捷克人更應該享有工作權和收入保障。

遊艇：最讓遊艇主人頭痛的問題不在於遊艇昂貴的花費，也不是一天到晚暈船的廚師，而是客源。遊艇主人越有錢，這個問題就越嚴重。因為，越有錢的人遊艇就越大，就需要越多人來填滿他的遊艇。A級客人不必邀了，因為他自己也有遊艇要煩惱，甚至還有度假別墅等著他輪番照料。至於B級客人（藝人或名模）的檔期通常早就排滿了，最後只剩下C級客人：這些人簡直就是職業客人。這些人雖然經常旅行，但你千萬別以為他們具有一定的知識水準。不信的話，你可以隨便找個剛從遊艇上度假回來的女士問問。假若她這趟旅行是從地中海航行到黑海，你不妨問她：「妳有看見達達尼爾[1]嗎？」

她一定會回答：「當然囉，當然看見了！而且他們還邀我們一起吃飯呢！真是一群迷人又好客的傢伙！」

付錢：匈牙利諺語說得好：「所謂紳士，不付錢，不驚訝，不匆忙。」

報紙：在韋勒貝克（Michel Houellebecq）的著名小說《月台》裡，主人翁看報紙只看經濟版。因為他堅信，若想了解這個世界發生了什麼事，看經濟版就能一窺梗概。若以這樣的邏輯來推論，那麼最適合「有格調之現代窮人」看的報紙，肯定是在布魯塞爾發行的歐洲版《華爾街郵報》。我們可以從這份報紙上看盡所有發生在經濟圈和金融界裡的怪力亂神，也道盡了我們生活裡的荒唐！這份報紙最正點的地方就在：其刊載怪力亂神之多，甚至比《日報》及《明鏡》兩份媒體加起來還多。

1 達達尼爾海峽，位於土耳其境內。

ViewPoint 117

窮得有品味（長銷改版）：對抗盲目消費，擁有真正的幸福

作者—— 亞歷山大．封．笙堡（Alexander von Schönburg）
譯者—— 闕旭玲
企劃選書—— 余筱嵐
責任編輯—— 余筱嵐、羅珮芳
版權—— 吳亭儀、江欣瑜
行銷業務—— 周佑潔、賴正祐、賴玉嵐
總編輯—— 黃靖卉
總經理—— 彭之琬
第一事業群總經理—— 黃淑貞

發行人—— 何飛鵬
法律顧問—— 元禾法律事務所王子文律師
出版—— 商周出版
台北市 104 民生東路二段 141 號 9 樓
電話：(02) 25007008．傳真：(02)25007759
發行—— 英屬蓋曼群島商家庭傳媒股份有限公司城邦分公司
台北市中山區民生東路二段 141 號 2 樓
書虫客服服務專線：02-25007718；25007719
服務時間：週一至週五上午 09:30-12:00；下午 13:30-17:00
24 小時傳真專線：02-25001990；25001991
劃撥帳號：19863813；戶名：書虫股份有限公司
讀者服務信箱：service@readingclub.com.tw
城邦讀書花園：www.cite.com.tw
香港發行所—— 城邦（香港）出版集團
香港灣仔駱克道 193 號東超商業中心 1F
電話：(852) 25086231．傳真：(852) 25789337
E-mail: hkcite@biznetvigator.com
馬新發行所—— 城邦（馬新）出版集團【Cite (M) Sdn Bhd】
41, Jalan Radin Anum, Bandar Baru Sri Petaling,
57000 Kuala Lumpur, Malaysia.
電話：(603) 90563833．傳真：(603) 90576622
Email: service@cite.com.my

封面設計—— 丸同連合
內頁排版—— 陳健美
印刷—— 韋懋實業有限公司
經銷—— 聯合發行股份有限公司
電話：(02)2917-8022．傳真：(02)2911-0053
地址：新北市 231 新店區寶橋路 235 巷 6 弄 6 號 2 樓

■ 2023 年 10 月 31 日四版
定價 380 元
ISBN 978-626-318-740-5

國家圖書館出版品預行編目（CIP）資料

窮得有品味（長銷改版）：對抗盲目消費，擁有真正的幸福／亞歷山大．封．笙堡(Alexander von Schönburg)著；闕旭玲譯. -- 四版. -- 臺北市：商周出版：英屬蓋曼群島商家庭傳媒股份有限公司城邦分公司發行，2023.10
面；　公分. --（ViewPoint；117）
譯自：Die kunst des stilvollen verarmens
ISBN 978-626-318-740-5（平裝）

1.CST：簡化生活 2.CST：生活指導

192.5　　112008969

商周出版

廣　告　回　函
北區郵政管理登記證
北臺字第000791號
郵資已付，免貼郵票

104　台北市民生東路二段141號2樓

英屬蓋曼群島商家庭傳媒股份有限公司城邦分公司　收

請沿虛線對摺，謝謝！

商周出版

書號：BU3117　　書名：窮得有品味（長銷改版）　編號：

請於此處用膠水黏貼

商周出版

讀者回函卡

感謝您購買我們出版的書籍！請費心填寫此回函卡，我們將不定期寄上城邦集團最新的出版訊息。

線上版讀者回函卡

姓名：________________________ 性別：□男 □女

生日：西元__________年__________月__________日

地址：________________________

聯絡電話：________________ 傳真：________________

E-mail ：

學歷：□ 1. 小學 □ 2. 國中 □ 3. 高中 □ 4. 大學 □ 5. 研究所以上

職業：□ 1. 學生 □ 2. 軍公教 □ 3. 服務 □ 4. 金融 □ 5. 製造 □ 6. 資訊

□ 7. 傳播 □ 8. 自由業 □ 9. 農漁牧 □ 10. 家管 □ 11. 退休

□ 12. 其他________________

您從何種方式得知本書消息？

□ 1. 書店 □ 2. 網路 □ 3. 報紙 □ 4. 雜誌 □ 5. 廣播 □ 6. 電視

□ 7. 親友推薦 □ 8. 其他________________

您通常以何種方式購書？

□ 1. 書店 □ 2. 網路 □ 3. 傳真訂購 □ 4. 郵局劃撥 □ 5. 其他______

您喜歡閱讀那些類別的書籍？

□ 1. 財經商業 □ 2. 自然科學 □ 3. 歷史 □ 4. 法律 □ 5. 文學

□ 6. 休閒旅遊 □ 7. 小說 □ 8. 人物傳記 □ 9. 生活、勵志 □ 10. 其他

對我們的建議：________________________

____

____

請於此處用膠水黏貼